GOLDMANN

Zum Autor

Eugen Drewermann, Jahrgang 1940, Dr. theol., studierte Philosophie in Münster, Theologie in Paderborn und Psychoanalyse in Göttingen. Drewermann ist der wohl populärste katholische Theologe im deutschsprachigen Europa. Bis zum Entzug der Lehrerlaubnis war er Privatdozent für systematische Theologie in Paderborn. Heute ist er als Psychotherapeut tätig. Sein Buch *Kleriker* stand monatelang auf den Spitzenplätzen der Bestsellerliste. Weitere Veröffentlichungen u. a. *Der tödliche Fortschritt* (1982), *Der Krieg und das Christentum* (1984), *Dein Name ist wie der Geschmack des Lebens* (1987), *Die Botschaft der Frauen* (1992), *Worum es eigentlich geht* (1992).

Zum Herausgeber

Horst Herrmann, Jahrgang 1940, Dr. theol., wurde 1971 Professor für katholisches Kirchenrecht an der Universität Münster, seit 1981 lehrt er Soziologie an derselben Universität. In vielen Veröffentlichungen hat er kritische Themen behandelt und immer wieder – auch in den Medien – Denkanstöße für breite öffentliche Diskussionen geliefert.

querdenken! – die neue Sachbuch-Reihe
im Goldmann Taschenbuch
Bisher sind erschienen:
Karlheinz Deschner: Was ich denke (12351)
Eugen Drewermann: Was ich denke (12532)
Horst Herrmann: Was ich denke (12515)
Adolf Holl: Was ich denke (12537)
Regine Hildebrandt: Was ich denke (12557)
Jutta Ditfurth: Was ich denke (12606)
Friedbert Pflüger: Was ich denke (12608)
Alfred Grosser: Was ich denke (12612)

QUER/DENKEN!

Herausgegeben von
Prof. Dr. Horst Herrmann

Eugen Drewermann

Was ich denke

GOLDMANN VERLAG

Umwelthinweis:
Alle bedruckten Materialien
dieses Taschenbuches sind chlorfrei
und umweltschonend.

Der Goldmann Verlag
ist ein Unternehmen der Verlagsgruppe Bertelsmann

Originalausgabe Juni 1994

Umschlaggestaltung: Design Team München
Umschlagfoto: Süddeutscher Verlag/Bilderdienst
Satz: IBV Satz- und Datentechnik GmbH, Berlin
Druck: Presse-Druck Augsburg
Verlagsnummer: 12532
Lektorat: Silvia Kuttny
Herstellung: Stefan Hansen
Made in Germany
ISBN 3-442-12532-4

3 5 7 9 10 8 6 4

Gegen den Strom
oder
Der Weg der Lachse

Nein, ich habe keinen Spaß an Streitereien. Im Gegenteil, ich habe eine große Sehnsucht nach Harmonie, Verständigung und Einklang. Aber:

- wer Gewalt wirklich nicht will, muß sich einsetzen und sich aussetzen im Kampf für eine gewaltlose Güte;
- wer Mitleid mit den Tieren ernsthaft für eine Pflicht der Sittlichkeit erklärt, wird sehr bald den Druck der Lobby aller Tierverbraucher zu spüren bekommen;
- wer den Krieg prinzipiell ablehnt, kollidiert notwendig mit der gesamten staatlichen Ordnung, für die eine Welt ohne Militär, Rüstungsindustrie und »Wehrbereitschaft« scheinbar undenkbar ist;
- wer die Freiheit des Denkens und die Entfaltung der persönlichen Gefühle für wesentlich hält, gerät unausweichlich in Konflikt mit allen Formen autoritärer Außenlenkung und institutionalisierter Entfremdung in Kirche und Gesellschaft;
- wer Menschen, die sich im strafrechtlichen Sinne »vergangen« haben, als Verlorene und Verlaufene betrachtet, mehr denn als Schuldige und als Zu-Richtende – als Abzurichtende, Herzurichtende, Hinzurichtende –, vielmehr einfach als »Aufzurichtende«, der steht quer zu den

Rechtsordnungen der gesamten bürgerlichen Gesellschaft und der sie emsig kopierenden kirchlichen Theologie.

Mit anderen Worten: Wer den geraden Weg sucht, bewegt sich quer zu allem Krummen. Wer die leise Stimme liebt, ist abhold allen lauten Tönen. Wer an die Stärke weichen Wassers glaubt, der wird gefährlich allen Steinen. Wer aufrecht durch sein Leben gehen möchte, stößt immer wieder an das allzu Niedrige. Es ist die gültige Lehre der Lachse: Man kann nur wirklich fruchtbar sein, wenn man an den Ort seines eigenen Ursprungs zurückkehrt, doch dazu muß man Hunderte von Meilen gegen den Strom schwimmen, den ganzen Weg zurück, da man sich fahrlässig hat treiben lassen. Es ist die bleibende Wahrheit der Schwalben: Man muß den angeborenen Bildern der Sterne folgen, um durch die Nacht zu wärmeren Zonen im Süden zu finden. Es ist das Wissen der Wellen des Meeres: Die Sehnsucht nach dem Mond ist stärker als der Sturm. Man kann nur etwas leidenschaftlich verneinen kraft einer größeren Bejahung.

1
»Guerre à la guerre«
oder
Der Protest der Menschlichkeit

Ich bejahe den Menschen. Also verneine ich den Krieg.

Mit diesem Punkt meines »Querdenkens« beginne ich, weil er mich seit Jugendtagen, seit den ersten Versuchen eines einigermaßen selbständigen Denkens, am meisten an innerer Arbeit gekostet hat. Ich bin überzeugt, daß nur ein selbständiger Mensch das Zeug hat, ein überzeugter Pazifist zu werden. Es ist unmöglich, konsequent gegen eine so »normale« Einrichtung wie das Militär Widerstand zu leisten und gleichzeitig angepaßt und fügsam zu bleiben. Schon von daher glaube ich nicht, daß sich Gewaltlosigkeit auf dem Weg einer einfachen Pädagogik »herstellen« läßt – als eine lineare Gleichung: je weniger Kriegsspielzeug in der Kindheit zum Beispiel, desto weniger soldatische Begeisterung im Felde später; oder: je weniger kriegverherrlichende Bücher und Filme in der Jugend, desto weniger Militarismus als Erwachsener. Ich habe mit zehn Jahren schon Felix Dahns *Ein Kampf um Rom* gelesen – mit Begeisterung! Mir imponierte der dunkle Gotenkönig Teja bei seinem letzten Gefecht an den Hängen des Vesuvs: Es war eine Schlacht, die nicht mehr dem Sieg galt, nur noch der Bewahrung eines Rests an Freiheit und Würde. Die Verlierer können größer sein als die Gewinner, lernte ich damals, aber ich trug keinerlei erinnerns- und erwähnenswerte Bedenken, dem makabren Tanz der Schwerter und der Spieße ein jungenhaftes Vergnügen abzugewinnen. »Lederstrumpf«, der »letzte Mohikaner«, die Heldentaten Old Shatterhands alias Kara ben Nemsis und anderer Heroen des literarischen Entertainments waren lange Jahre meine Freunde und Idole. Und nicht zuletzt: die Helden vor Troja, Schwabs *Sagen des klassischen Altertums* und dann noch die deutschen Heldensagen: Wieland der Schmied, Dietrich von Bern, der unglückliche Wittigis, Siegfried und Kriemhild, Hagen von Tronje ... es war eine »Schule« des Lesens, die nicht gerade erwarten läßt, sie könnte einen sechs Jahre später schon all das verabscheuen lassen, was sie ursprünglich als menschliche Größe feierte.

Und selbst die wirkliche »Schule«, das humanistische Gymnasium, das ich vom zehnten Lebensjahr an besuchte! Es stellt keine Beleidigung dar, wenn ich sage, daß der beste Lateinlehrer des Pennals, ein Zwerg von Gestalt und ein Hüne an Geist, der seinen Schülern die Verwendung von *dum* mit Konjunktiv nach der Formel eintrichterte: Sie mögen mich fürchten oder hassen, wenn sie nur lernen *(oderint aut metuant, dum discant)*, bei der Lektüre von Caesars *Gallischem Krieg* im Grunde immer noch darauf aus war, die Schlacht vor Verdun zu gewinnen. Hannibal und die Schlacht bei Cannae auf lateinisch, die Schlacht in den Thermopylen auf griechisch, Livius und Herodot. »Süß und ehrenvoll ist es, fürs Vaterland zu sterben« – Horaz für Siebzehnjährige, der Peloponnesische Krieg für Achtzehnjährige, und dann noch einmal: die Ilias ... Sprachstudien mit einem einzigen Spezialwissen: der präzisen Fachsprache, wie man auf mindestens zwanzig Arten einen Menschen tötet. Selbst das Hebräische, das ich mir damals hauptsächlich autodidaktisch beibrachte, war da nicht besser: die Schlacht gegen die Amalekiter, der Krieg gegen die Kanaaniter, David in den Philisterkriegen – selbst das Paradigma, um die Konjugation des starken hebräischen Verbums zu üben, war *qatal*, »töten«. Meiner ganzen Herkunft nach hätte ich ein geborener Militarist sein müssen.

Nicht zu vergessen mein Vater! Er war kein Militarist. Und doch war er, mit Hunderttausenden anderer, 1914, gerade neunzehn Jahre alt, als Kriegsfreiwilliger »eingezogen« worden: die Deutschen bei dem Eisenbahnknotenpunkt Baranowitsche – das Foto habe ich heute noch, weiter waren sie nicht gekommen; danach die Westfront: Chemin des Dames – selbst ein so liebliches Wort wie »Damenpfad« kann der Krieg in die Hölle der »Materialschlacht« verwandeln. Aber mein Vater war kein Stefan Zweig, kein Romain Rolland, kein Henri Barbusse; er las Autoren wie Hans Zöberlein: *Befehl des Gewissens* und andere Kriegsverherrlicher, auch, natürlich, Erich Maria Remarques *Im Westen nichts Neues* – er konnte sich nicht entscheiden. Nicht einmal, als er 1945 noch, als Offizier des 1. Weltkrieges und Fahrsteiger unter Tage, gegen Ende des 2. Weltkrieges zur Verteidigung von Bergkamen im »Volkssturm« an die Lippe abkommandiert wurde. Selbst daß er seine Truppe beim Anrücken der ersten amerikanischen Panzer stillschweigend aufgelöst hatte, war ein Akt lebensgefährlicher Desertation vor dem Feind. Darauf stand die Todesstrafe. Ich habe nie gehört, daß mein Vater sich seiner Entscheidung der Vernunft gerühmt hätte. Vermutlich schämte er sich ihrer. Das letzte Buch, das er wirklich gelesen hat, war A. Solschenizyns *August 14*. Er war zweiundsiebzig Jahre alt, als ich es ihm schenkte. Es war für ihn eine Rückkehr zu seiner verlorenen Jugend. »So also sah es bei denen aus!« – »Die« – das waren die Russen in der Schlacht bei Tannenberg – ein kaiserlich-nationales Großereignis. Nein, weder Erziehung noch Bildung, noch Ausbildung enthielten irgend etwas, das einer pazifistischen Option ähnlich gesehen hätte.

Und doch hatte die Schale der bürgerlichen Beruhigtheit schon mit zehn Jahren einen ersten gefährlichen Sprung erhalten. Ich entsinne mich noch der Zeitungsüberschrift: »Blutiges Gemetzel um Pusan«. Es war die Zeit des Korea-Krieges. Pusan war der letzte Brückenkopf, der von der südkoreanischen Armee und den Alliierten gehalten wurde. Die amerikanischen Schlachtschiffe »Helena« und »Missouri« feuerten von See her ihre Salven in den Belagerungsring der kommunistischen Angreifer. Die Kämpfe wurden als »erbittert« bezeichnet. Die Flüsse waren rot von Blut. »Vater, was heißt ›Gemetzel‹?« – »Das erkläre ich dir später, Junge.« Da gab es plötzlich einen Teil der Wirklichkeit, den mein Vater vor mir verhüllen wollte, um mich zu schonen. Aber ich wollte keine Schonung. Ich ahnte sehr wohl den Sinn dieses Ausdrucks. »Kommt ›Schlacht‹ von ›schlachten‹?« – »Hör mit solchen Fragen auf.« Ich brauchte keine weiteren Fragen mehr zu stellen. Meine Phantasie beantwortete sie alle auch ohne Kommentar. Hatte ich nicht gelesen von dem brennenden Saal der Nibelungen, dieser wüsten Collage aus Feuer, Blut und Qual? Sah ich nicht vor mir das triumphierende Bild aus der Bibel, da David das abgeschlagene Haupt des Riesen Goliath hochhebt und die Israeliten mit des Schwertes Schärfe die Feinde schlagen, »daß die getöteten Philister auf dem Wege lagen bis nach Gath und Ekron«? Alles das war bislang *nur* Phantasie gewesen, Dichtung, Sage, Literatur und in jedem Falle: Vergangenheit. Jetzt aber, zum ersten Mal, berührte meine Phantasie die Wirklichkeit, und sie schauderte zurück. Alles, was ich gelesen und auf den Bildern gesehen hatte, gab es also tatsächlich! Es spielte nicht vor Hunderten und Tausenden von Jahren, es ereignete sich heute, an diesem Tage, zu dieser Stunde! Und es war unendlich viel schlimmer als alles, was ich mir vorstellen konnte, eben dadurch, daß es wirklich war. Meine Phantasie hatte ihre Unschuld verloren; sie hatte kein Recht mehr, frei zu spielen. Und es kehrte mit voller Wucht eine Frage zurück, die ich als kleines Kind, im Alter von vier Jahren, bei den Bombenangriffen auf meinen Heimatort Bergkamen tief in mich aufgenommen hatte: Wie konnten Menschen so etwas tun? Es war die Frage, die alle Betroffenen damals sich stellten und die wohl niemals eine Antwort finden wird.

Bergkamen – das war im Jahre 1944 eine kleine Bergarbeitersiedlung mit etwa sechstausend Einwohnern, ein Dorf, das um 1910 durch die Abtäufung eines Förderschachtes aus ein paar Bauernhäusern entstanden war. Dem Bergwerk angeschlossen war eine Kokerei, in der nach Meinung der Alliierten gegen Kriegsende militärisch wichtige Stoffe produziert werden konnten. Die bloße Vermutung genügte, um den Ort im Oktober 1944 und im März 1945 in zwei schweren Luftangriffen zu mehr als siebzig Prozent dem Erdboden gleichzumachen. Es hat keinen Sinn, sich mit den üblichen Ausreden aufzuhalten: Man habe nur die Industrie lahmlegen wollen... Die Angriffe wurden schachbrettartig von Tieffliegern vorgetragen – die Flugabwehr war längst zusammengebrochen; man wollte das Massaker unter der Zivilbevölkerung. Die mehr als tausend Toten eines kleinen Bergarbeiterdorfes am östlichen Rande des Ruhrgebietes waren das beabsichtigte Ergebnis eines durchaus erfolgreichen Flächenbombardements. Eine Luftmine zerschlug die Reihe von vier Häusern auf der Körnerstraße neben uns; die Zechenwohnung meiner Eltern, Haus Nummer 5, war das erste, das, wenn auch in »baufälligem« Zustand, stehenblieb; zwei Bombentrichter im Garten zeigten noch Jahre später an, wie dicht der Tod an uns vorübergegangen war. Was aber war mit den »Ausgebombten«, was mit den Bombentoten, was mit den zerstörten Familien, was mit den Schwerverwundeten...? *Das* war der Krieg. Bei all dem Gerede von Schwertern und Schilden griechischer oder germanischer Recken war ich nur nicht darauf gekommen, daß die Schlacht um Troja und das Schlachten um Pusan ein und dasselbe waren.

Ich habe diesen Gedanken mit zehn Jahren geahnt, doch damals wohl noch nicht wirklich gedacht. Er schlummerte in mir, aber er regte sich noch nicht. Statt dessen verband sich die Vorstellung von den Ereignissen in Korea fortan mit Situationen, die sich an jedem Monatsanfang im Ort wiederholten. Von der Schachtanlage führte nur eine einzige Straße in zwei Richtungen ins Dorf, und an jeder Abzweigung lag ein Wirtshaus, das am Zahltag überquoll von durstigen Kumpels. Die gesamte Löhnung für vierzehn Tage konnte da in Stunden vertrunken sein, und betrunken kam es regelmäßig zu entsetzlichen Szenen. Schon am Mittag bewegte sich ein Zug von Frauen an das Werkstor, um die Männer noch rechtzeitig abzufangen, ehe sie in den Kaschemmen durchbrachten, was sie für die Familie in einem halben Monat verdient hatten. Zankereien, Raufereien, Hohn und Gelächter, und dann die unvermeidbaren Keilereien und Messerstechereien – am anderen Morgen waren die Spuren von Erbrochenem und von Blut noch deutlich zu sehen. »Was ist ein ›Gemetzel‹?« Genau das, und nichts anderes. Aber nun zu denken, all das geschehe gar nicht in betrunkenem Zustand, im Rausch der Sinne, mit vor Haß und Furcht zitternden Händen, sondern ganz im Gegenteil: befohlenermaßen, kaltblütig und geplant, als soldatische Pflicht, so wie die Piloten bei den Tieffliegerangriffen auf das zerbombte Bergkamen es getan hatten, das war mehr, als ich damals sehen und begreifen wollte. Ich las eifrig weiter die Zeitung, aber ich konzentrierte mich mehr auf die »Meldungen«, nicht so sehr auf die Menschen. »Bombardierung der nordkoreanischen Kraftwerke am Yalu«, »General McArthur fordert Einmarsch in China« – ich fing an, »strategisch« zu denken.

Damals wohnte in meinem Elternhaus eine achtköpfige Gruppe von Montagearbeitern in Logis – man versetzte in jener Zeit Werksanlagen, als handelte es sich um den Aufbau und Abbau der Setzteile eines Stabilbaukastens. Der Wohn- und Schlafraum war durch die Anwesenheit dieser Leute stark beengt, für mich aber bot sich dadurch die willkommene Gelegenheit zu ausgiebigen politischen Plaudereien. »Ob es die Amerikaner schaffen würden?« – »Warum ist die Höhe XY militärisch so wichtig?« – »Warum wollten die Nordkoreaner den ganzen Süden besetzen?« Geduldig, in endlosen Diskussionen untereinander, erklärten sie's mir. Und anschließend, wie zur Belohnung, spielten wir Schach miteinander. Ich war ein vernünftiges Kind, wenn ich begriff, was die »Dominotheorie« war und warum »wir«

in Korea eigentlich »uns selber« verteidigten. Die ganze Welt war eine Einheit, dann aber war sie wieder keine Einheit, sondern zerrissen in genau zwei Hälften zwischen Gut und Böse, christlich und atheistisch, frei und unfrei, menschlich und unmenschlich – schwarz und weiß.

Daß auch die Kirchen, insbesondere die katholische, streng antikommunistisch dachten, verstand sich von selbst. Doch daß sie auch militaristisch die Massen indoktrinierte, merkte ich im gleichen Jahre, 1950, auf dem Katholiken-Tag in Bochum. Eine für mich unübersehbare Menge von Menschen hatte sich an einem glühend heißen Sonntag dort eingefunden, von fernher schimmerte in gelb-weißen Tüchern ein riesiger Baldachin herüber, der die Tribüne überwölbte, auf der das eigentliche Geschehen sich begab: der Gottesdienst, die Festtagsansprachen, Konrad Adenauer, das Grußwort des Papstes vom Tonband. Zum Andenken erhielt ich ein kleines Taschenmesser mit einem aufgedruckten Bild von dem würdigen Ereignis – erst sehr viel später konnte ich nachlesen und noch sehr viel später erst begriff ich, was ich da wirklich gehört hatte. »Der Papst läßt keinen Zweifel darüber, daß es eine verwerfliche Sentimentalität, ein falsch gerichteter Humanitätsdünkel wäre, wenn aus Furcht vor den Leiden des Krieges jemand Unrecht geschehen läßt«, erklärte da der Kölner Kardinal Joseph Frings. »Nach den Gedanken des Papstes ist also eine Kriegsführung, die gegen Unrecht gerichtet ist, nicht nur ein Recht, sondern sogar die Pflicht aller Staaten ... Der echte Friede kann nur auf der göttlichen Ordnung beruhen. Wo immer diese angegriffen wird, müssen die Völker auch mit Waffengewalt die zerstörte Ordnung wiederherstellen.«

»Die zerstörte Ordnung« – das war der gesamte atheistische Bolschewismus, das war das gesamte kommunistische Weltreich von Peking bis Ost-Berlin, das war Mao Tse-tung und Stalin, das waren die Befreiungsbewegungen in Vietnam und Algerien – man mußte Gott danken, daß *uns* die Amerikaner befreit hatten. Der letzte Weltkrieg war gerade fünf Jahre her, da rüstete die katholische Kirche schon wieder zu dem neuen Aufmarsch.

Ich weiß bis heute eigentlich nicht, woran diese Weltsicht in mir endgültig zerbrach. 1952 schon hatte die Kirche und mit ihr Konrad Adenauer es im deutschen Parlament geschafft: Die Bundesrepublik sollte der »Europäischen Verteidigungsgemeinschaft« beitreten! Daß sie es dann doch nicht tat und es den Deutschen somit erspart blieb, sogleich nach der notdürftigen Reparatur ihrer Häuser schon wieder in Panzerwagen und Flugzeuge zu steigen, lag nicht an der »Wachsamkeit« und dem »Gerechtigkeitsgefühl« der politisch »Verantwortlichen« in der BRD, sondern an den Franzosen: Man fürchtete jenseits des Rheins noch im Jahre 1954 nicht ohne Grund ein Wiedererstarken der Deutschen. Die eigenen »Verbündeten« fürchteten sich vor den soeben erst am Boden zerschmetterten Deutschen! Das galt für verständlich. Doch daß Sowjetrußland, daß Stalin damals lieber einem wiedervereinigten, aber entmilitarisierten Deutschland zugestimmt hätte, als den Kalten Krieg mit allen Mitteln zu führen, das durfte man nicht einmal für möglich halten, wenn man in bestimmten Kreisen als ein »guter« Deutscher betrachtet werden wollte. Die Sozialdemokraten galten, mal wieder, mit ihrem »Ohne-mich«-Standpunkt als »vaterlandslose Gesellen«.

Ein solcher war ich damals, bei Gott, nicht. Ich war damals zu den katholischen »Pfadfindern« gekommen. Die Kirche reorganisierte ihre »Jugendarbeit« ganz einfach auf dem Niveau, bei dem sie im Jahre 1933 stehengeblieben war. Anders als die evangelische Kirche 1945 in Stuttgart, hat die katholische Kirche es bis heute nicht über sich zu bringen vermocht, ein Schuldbekenntnis für ihr Verhalten im sogenannten Dritten Reich, speziell in der Zeit des Zweiten Weltkriegs, abzulegen. Der Faschismus war einfach wie eine »Heimsuchung« über sie gekommen; sie hatte, sollte man glauben, ihm immer standhaft widerstanden: Kardinal Galen, der »Löwe« von Münster, hatte tapfer und rechtzeitig gebrüllt, nicht zwar gegen die Vergasung von Juden, Homosexuellen, Pazifisten, Zigeunern und Zeugen Jehovas, wohl aber gegen die Unterdrückung der Freiheit der Kirche und der Behinderung von Ordensschwestern bei der Pflege von geistig und körperlich Schwerbehinderten. Kaum jemand, so schien es, mochte oder konnte sich erinnern an den gemeinsamen Hirtenbrief aller Bischöfe des Großdeutschen Reiches vom 26. Juni 1941, vier Tage nach dem Überfall der »Wehrmacht« auf die Sowjetunion, in dem es hieß: »Geliebte Diözesanen! In schwerster Stunde des Vaterlandes, das auf weiten Fronten einen Krieg von nie gekannten Ausmaßen zu führen hat, mahnen wir euch zu treuer Pflichtenerfüllung, tapferem Ausharren, opferwilligem Arbeiten und Kämpfen im Dienste unseres Volkes. Wir senden einen Gruß dankbarer Liebe und innige Segenswünsche unseren Soldaten..., die in heldenmütiger Tapferkeit unvergleichliche Leistungen vollführen und schwere Strapazen ertragen. Von euch allen fordert der Krieg Anstrengungen und Opfer. Bei der Erfüllung der schwersten Pflichten dieser Zeit, bei den harten Heimsuchungen, die im Gefolge des Krieges über euch kommen, möge die trostvolle Gewißheit euch stärken, daß ihr damit dem heiligen Willen Gottes folgt...« Da war die Gefangennahme und Tötung von Hunderttausenden russischer Soldaten »Gottes Wille«, die systematische Zerstörung von Tausenden russischer Dörfer »Gottes Wille«, der Marsch nach Kiew, Charkow und Leningrad »Gottes Wille«... »Wir begleiten unsere Soldaten mit unseren Gebeten und gedenken in dankbarer Liebe der Toten, die ihr Leben für ihr Volk hingaben«, hieß es sechs Monate später, am 10. Dezember 1941. »Wir haben immer wieder und noch im Hirtenbrief des Sommers unsere Gläubigen zu treuer Pflichterfüllung, zu tapferem Ausharren, opferbereitem Arbeiten und Kämpfen im Dienste unseres Volkes in schwerster Kriegszeit eindringlich aufgerufen.« Ja, man hatte sogar geschrieben: »Mit Genugtuung verfolgen wir den Kampf gegen die Macht des Bolschewismus, vor dem wir deutschen Bischöfe in zahlreichen Hirtenbriefen vom Jahre 1921 bis 1936 die Katholiken Deutschlands gewarnt und zur Wachsamkeit aufgerufen haben, wie der Reichsregierung bekannt ist.« Jetzt war das alles wie nie gesagt! Jetzt wurde das alles *schon wieder* gesagt! Deutschland hatte an vorderster Front sich wehrbereit zu machen in diesem Schicksalskampf gegen das Reich des Bösen, und sein Schutzpatron Michael mußte erneut ausziehen, den Fürsten der Finsternis niederzukämpfen. Die Jugend, am besten in Uniform, weihte sich in einer solchen Lage (»ernst, sehr ernst, doch nicht hoffnungslos«, wie Konrad Adenauer stereotyp zu sagen pflegte) tunlichst heiligen Mächten: die Mädchen der reinen Mutter und immerwährenden Jungfrau Maria, die Jungen, besonders die »Pfadfinder«, dem heiligen Georg, dem Drachentöter, dem Vorbild aller wackeren Wehrmänner.

Ich will nicht sagen, daß die St. Georgspfadfinder im Jahre 1954 geradewegs ein paramilitärischer Jugendverband gewesen wären, und doch gab es gerade dort eine Reihe »gestandener Leute«, denen die Gründung eines englischen Generals aus der Zeit der Burenkriege gerade recht kam, uns auf alles mögliche vorzubereiten, was man so im »Gelände« braucht: Wir bestimmten die Himmelsrichtungen nach Uhr und Mond, wir ermittelten die wahre Ortszeit am Stand der Sterne, und wir waren im nationalen Semaphor bestimmt manch einem Signalgast der alten Reichswehr ebenbürtig. Es fehlte nur noch der notwendige »Einsatz« für Volk und Vaterland, für Glauben und Heimat, für Gerechtigkeit und Freiheit.

Die Schockwelle ereilte mich im Jahre 1956. Es war die zweite Berührung mit der Wirklichkeit, diesmal nicht mehr in der Phantasie, sondern im Denken. Dieses Jahr bedeutete das Ende meiner Jugend. Mit einem Mal begriff ich, was es hieß, »erwachsen« zu werden: Ich mußte mich entscheiden! Ich war erst sechzehn Jahre alt, aber es sollte genügen, achtzehn Jahre alt zu sein, und man würde zur Bundeswehr eingezogen werden.

In diesem Jahr diskutierte man im Bundestag über die Einführung der allgemeinen Wehrpflicht und dabei besonders über die Möglichkeit der Wehrdienstverweigerung aus Gewissensgründen. Nie wieder in der Geschichte der Bundesrepublik ist eine Debatte leidenschaftlicher und engagierter in der Öffentlichkeit geführt worden als diese. Alle weltanschaulich relevanten Gruppen der Gesellschaft, natürlich auch die katholische Kirche, meldeten sich zu Wort. Der Bund der deutschen katholischen Jugend, die Pfadfinderschaft St. Georg, schlimmer: die Hirtenworte der Bischöfe, noch schlimmer: die Erklärungen der angesehensten Moraltheologen, am schlimmsten: die »unfehlbaren«, zumindest Gehorsam fordernden Weisungen Papst Pius XII. – sie alle einmütig und einmündig, von Rom herab bis zu jedem Dorfpfarrer der katholischen Kirche, entschieden ausnahmslos und kategorisch, daß kein Katholik im Falle eines ungerechten Angriffes das Recht habe, sich auf sein Gewissen zu berufen, um den Wehrdienst zu verweigern. Man schickte Jesuiten wie Pater Hirschmann und Pater Gundlach als »Experten« in den Bundestag, um insbesondere die CDU-Abgeordneten davon zu überzeugen, daß die katholische Kirche einer Gesetzesnovelle zugunsten der Wehrdienstverweigerung aus Gewissensgründen unter keinem Umstand zustimmen dürfe.

In den Monaten damals lebte ich wie im Fieber. Ich wußte ganz sicher, mit allem Fühlen, mit allem Denken, mit allen Kräften meiner Vorstellung: Ich würde niemals, gleichgültig, was kommen würde, mich als Soldat an Waffen ausbilden lassen, um zu lernen, wie man am wirksamsten mechanisch, chemisch, atomar, biologisch oder wie auch immer Menschen töten könnte, möglichst unter Ausschaltung der Gefahr für das eigene Leben. Lieber würde ich mein Leben in Gefängnissen oder in Arbeitslagern verbringen – zur »Bundeswehr« würde ich niemals gehen. Das stand für mich fest. Aber war es erlaubt, einen solchen Standpunkt zu vertreten? Innerhalb der gesamten geistigen Welt, aus der ich kam, dachte man nicht nur anders, man verbot vor allem im Namen Gottes, anders zu denken! Ich befand mich mit sechzehn Jahren nicht nur in einem Zustand vollkommener Einsamkeit, ich hatte es als meine Schuld, als meinen Irrtum, als mein persönliches Problem zu betrachten, daß ich in diesem Punkte anders dachte als die höchste göttliche Autorität auf Erden, als der römische Papst an der Spitze der katholischen Kirche!

Verzweifelt versuchte ich alles vorzubringen, was ich konnte, um mich zu rechtfertigen. Ich richtete eine vierzigseitige Denkschrift an die Leitung der Pfadfinderschaft – niemals könne der Staat einen Grund bilden, einzelne Menschen zu töten; der Staat sei ein bloßes Abstraktum, das man fälschlich personalisiere, wenn man auf seinen Befehl hin einzelne Menschen töte. Ohne es zu wissen, erfand ich damals aus reiner Not den erkenntnistheoretischen Nominalismus in ethischer Absicht: Es sollte nur Menschen geben, keine »Staaten«, so wie es nur Bäume gibt, aber keine »Wälder«; Staaten also seien nichts als die Ansammlungen beliebig vieler einzelner Menschen, die sich innerhalb bestimmter Grenzen im Rahmen einer bestimmten gesetzlichen Ordnung eine »Verfassung« gegeben hätten. Keinerlei Recht, das eine solche Menschenversammlung sich gebe, könne größer sein als das Recht jedes einzelnen Menschen auf Leben. Also!

»Aber es ist schon falsch«, hielt man mir entgegen, »zu unterstellen, daß ein Soldat seinen Gegner töten will.« Eine wirkliche Tötungsabsicht, gab man zu, ließe sich in der Tat schwer rechtfertigen. Aber es war eben alles ganz anders: Man schießt auf ein Flugzeug, das Atomwaffen an Bord hat, um zu verhindern, daß eine ganze Stadt ausgerottet wird; der Pilot kann sich womöglich sogar mit dem Schleudersitz retten. Oder man schießt einfach Sperrfeuer gegen angreifende russische Verbände; der Gegner trägt selber die Schuld, wenn er in den Kugelhagel hineinläuft und dabei umkommt. Oder man bombardiert die Hafenanlagen von Hamburg, man kann nicht dazu, wenn dabei vierzigtausend Menschen umkommen. Es ist wie bei einem Polizisten: Er schießt auf einen Gangster, um ihn wehr- oder fluchtunfähig zu machen; aber er will nicht töten.

In mir tobte es vor Empörung. Wie konnte man sich derart aus der Affäre reden! Mit solch offenkundig verlogenen Argumenten! Wie war das gewesen, als am 6. August 1945 Eisenhower bekanntgab, man habe in Hiroshima alle militärisch relevanten Objekte ausgeschaltet? Man hatte in wenigen Sekunden etwa hunderttausend Menschen getötet, man hatte eine ganze Stadt dem Erdboden gleichgemacht, man hatte eine ganze Region mit atomarer Strahlung auf eine Weise verseucht, daß noch in Jahrzehnten Frauen mißgebildete Kinder zur Welt bringen würden. Man hatte die Tötung vieler Tausender Unschuldiger keineswegs nur als »unbeabsichtigtes Nebenergebnis« in Kauf genommen, man hatte genau das eiskalt geplant, organisiert und durchgeführt. Und war das bei der »Operation Gomorrha« 1943 in Hamburg wirklich anders gewesen als 1944 in Bergkamen? Die »Hafenanlagen« von Hamburg hatte man »ausschalten« wollen? Man hatte britischerseits damals gerade das »round the clock bombing« erfunden: Wenn die Maschinen der Royal Airforce ihre Nachtangriffe beendet hatten, sollten am Tage die amerikanischen »Mustangs« das Werk vollenden; gerade wenn die Menschen aus den Kellern und Baracken hervorkrochen, sollte die nächste Angriffswelle sie überraschen. Nein und abermals nein! Der Krieg ist nichts anderes als die systematisierte und perfektionierte Form aller Greuel und Unmenschlichkeiten. »Der Krieg«, las ich später bei Clausewitz, »hat von sich her die

Neigung, bis zum Äußersten zu gehen.« Genauso war es! Ich entsann mich einer Keilerei in der Schule: Zwei größere Jungen schlugen auf dem Pausenhof mit bloßen Fäusten aufeinander ein; augenblicklich hatte sich eine Gruppe von Schaulustigen gebildet, die den einen oder den anderen anfeuerten. Keiner schien entsetzt zu sein über das gräßliche Spektakel, alle schienen geradewegs begeistert. Schließlich fing der offensichtlich Schwächere an zu beißen und zu treten. Gerade der Schmerz der drohenden Niederlage steigerte noch seinen Haß und die Blindwütigkeit seines Einsatzes. »Das Urbild des Krieges ist der Zweikampf.« Auch darin hatte Clausewitz recht. Aber wie konnten denn denkende, fühlende Menschen sich an einem solchen Geschehen beteiligen?

»Du mißverstehst eben alles«, lautete die Antwort. »Gewiß, ein Krieg nur zu Gewinnung von Land, ein Eroberungskrieg, ist schon immer von der Kirche verboten worden. In ihrer Lehre vom ›gerechten Krieg‹ untersagt sie auch die wahllose Tötung von Kämpfenden und Nicht-Kämpfenden. Ein Krieg kann nur gerechtfertigt sein als letztes Mittel zur Verhinderung von Gewalt und Unrecht. Dann aber darf man sich nicht drücken. So einfach ist das.«

»Aber ein moderner Krieg richtet in jedem Fall viel mehr Unrecht an, als er verhindert! Wer erst einmal fähig ist, mit Giftgas, wie die Deutschen und Franzosen vor Verdun, Menschen landstrichweise auszurotten, wer moralisch keine Skrupel mehr trägt, Atombomben auf Millionenstädte zu werfen, wer imstande ist, Pest, Cholera und Botulismus für ›Waffen‹ zu erklären, der bekämpft nicht das Böse, er handhabt es, er ist selber sein erstes Opfer.«

»Schon wieder falsch!« entgegnete man empört. »Die künftige Bundeswehr ist eine reine Abschreckungsstreitmacht. Niemand will all das jemals einsetzen, was er da lernt; im Gegenteil, der Soldat heute will durch ein wirksames Drohen gerade ein für allemal verhindern, daß all die Scheußlichkeiten jemals zum Einsatz kommen. Es wird niemals Krieg geben, wenn wir nur jedem möglichen Gegner demonstrieren, daß ein Angriff seinerseits ihn selbst in den Untergang reißen wird. Wir müssen nur stark sein und dürfen keine schwachen Nerven bekommen.«

Rein logisch bekam ich langsam Oberwasser. »Also ist die gesamte Aufrüstung innerlich dialektisch. Ihr dürft selber nicht wollen, was zu tun ihr euch vorbereitet. Wer aber nicht wirklich will, was zu tun er vorgibt, der kann auch nicht glaubhaft drohen. Die Abschreckung selber verlangt, daß man moralisch auch bejaht, was man für den sogenannten Ernstfall vorbereitet.« Das war die Schwachstelle der ganzen Aufrüstungsdebatte, so viel war mir klar. Wenn man selbst zugab, nur mit innerem Widerspruch Soldat werden zu können, dann konnte es hier kein simples Entweder-Oder in den Fragen von Krieg und Frieden geben, wie es die katholische Kirche lehrte; dann mußte unbedingt auch Platz sein für alternative Entscheidungen, schon damit die Fragwürdigkeit aller militärischen Aktionen im Atomzeitalter deutlich bliebe. Selbst wenn der altrömische Grundsatz in Geltung wäre: »Wenn du den Frieden willst, halte dich wehrbereit« *(si vis pacem, para bellum)*, wie um Himmels willen ließ sich denn ein derart angstgebundenes, im Grunde steinzeitliches Prinzip von Aktion und Reaktion mit den Weisungen der Bergpredigt vereinbaren? Selbst wenn der politische Pragmatismus sich zu nichts anderem durchzuringen mochte als zu der Verzweiflungsauskunft von der Kriegsverhinderung durch Kriegsbereitschaft, wie war es denn möglich, daß die Kirche, statt nach Auswegen aus dem jahrtausendealten Dilemma zu suchen, nichts weiter tat als die Gefangenschaft der staatlichen Vernunft für eine göttliche Pflicht zu interpretieren, die man ausnahmslos jedem meinte zur Vorschrift machen zu können? Was würde sein, wenn die Rechnung der wechselseitigen Abschreckung nicht aufging, und wie konnte man es als »Sicherheitspolitik« bezeichnen, wenn man jeden Bürger in den Stand versetzte, potentiell pro Kopf etwa hundertzwanzig Menschen auf diesem Globus in Sekundenschnelle zum Zwecke seiner Abschreckungssicherheit töten zu können? Bisher hatten Kriege vor allem das Ziel verfolgt, nach dem Vorbild der Echsen, Paviane und Schimpansen ein bestimmtes Revier zum Schutz von Frauen und Kindern gegenüber jedem konkurrierenden Eindringling in relativ stabilen Grenzen zu verteidigen. Bestimmte Grenzziehungen auf der Landkarte und die Sicherheit der eigenen Nachkommenschaft – das waren, zumindest biologisch, einsichtige Motivationen zum Kriegführen. Doch genau diese Motive stellte die moderne Kriegsführung in Frage: Niemand war bei einem Angriff sicherer als die Soldaten in den atomgetriebenen U-Booten auf hoher See oder in den B 52-Bombern in fünfzehn Kilometern Höhe. Doch auch wenn es all diese Bedenken nicht gegeben hätte, unterstellt wirklich, die Planspiele der »Abschreckung« würden irgendwie aufgehen – was für eine »Sicherheit« sollte da produziert werden, wenn bereits deren Kosten bei der Beschaffung immer »besserer«, d. h. immer noch scheußlicherer, Kampfmittel in Beträgen von Milliardenhöhe all die Summen verschlingen würden, die man im

Kampf gegen Hunger und Elend in den Ländern der sogenannten Dritten Welt dringend gebraucht hätte? Wie sollte es mit Vernunft und »Gerechtigkeit« begründbar sein, daß die »Vorbildländer«, die Industrienationen, sich den wahnsinnigen Luxus eines »Gleichgewichts des Schreckens« leisteten, während allein in Indien jährlich Millionen Menschen malariageschüttelt in Hunger, Elend, Analphabetismus und Überbevölkerung dahinvegetierten? Mit der Produktion einer solchen Form der »Sicherheit« wurde keine göttliche Gerechtigkeit geschützt, sondern, ganz im Gegenteil, ein Höchstmaß menschlichen Leids und Unrechts allererst geschaffen.

Das hinderte freilich die katholische Kirche nicht daran, die theologische Ideologie des Kalten Krieges in immer aberwitzigere Formulierungen hineinzutreiben. Selbst ein Atomkrieg, der die ganze Menschheit ausrotten würde, könnte immer noch als ein Zeichen göttlichen Gerechtigkeitswillens verstanden werden, erklärte Pater Gundlach, um die wahre Meinung Papst Pius XII. lehramtlich zu interpretieren. Vor lauter Zorn über diesen »Platonismus«: *fiat justitia, pereat mundus* – Gerechtigkeit ist als ein Wert an sich durchzusetzen, selbst wenn die Welt dabei zugrunde geht – stand ich dicht davor, zur protestantischen Kirche überzutreten. Dort wenigstens gab man sich Mühe, die Gewissensnot der Menschen, meine eigene zum Beispiel, ernst zu nehmen. Die evangelische Kirche anerkannte nicht nur das Recht auf Wehrdienstverweigerung, sie warnte vor allem immer wieder vor allzu einfachen, bequemen Antworten. Es kann sein, so befand sie, daß Menschen, die nichts weiter wollen als Frieden, durch ihre Wehrlosigkeit ein Machtvakuum schaffen, das skrupellosen Hasardeuren, wie der japanischen Regierung 1938 bei der Eroberung Ostasiens oder wie Nazideutschland 1939, allererst die Lust auf einen Eroberungskrieg schafft; es kann aber auch umgekehrt sein, daß jemand, der durch militärische Drohgebärden den Ausbruch eines Krieges zu verhindern sucht, sich schließlich genötigt sieht, all das auch wirklich zu tun, was er seinem »Gegner« angedroht hat. »Wer A sagt, muß auch B sagen.« Aber: »Wehe den Leichtfertigen.«

Solche Worte, die von der *evangelischen* Kirche gesprochen wurden, waren für mich kostbarer als Wasser und Salz, denn was ich am wenigsten verstand, war die verordnete Wehrbereitschaft ohne Tränen und Trauer. Als den »Luxus« einer tragischen Weltanschauung apostrophierte die *Frankfurter Allgemeine Zeitung* genau die Zerrissenheit, in der ich mich befand und die mir als ein unwiderlegbarer Ausdruck von Wahrheit erschien. Die Welt war weder so »erlöst«, wie die katholische Kirche sie malte, um ihre »eindeutige« Schwarzweißmoral von Geboten und Verboten, von »Rechten« und »Pflichten« einfordern zu können, noch war sie so moralisch verderbt, daß man ihr nur noch mit Krieg, Todesstrafe, Inquisition und Hexenjagd beikommen durfte oder mußte. Die Welt war ein Areal, getaucht in Zwielicht, Gegenfinalität und Tragik – diese meine Überzeugung aus dem Jahre 1956 hat sich seither nie mehr gewandelt, nur noch vertieft.

Es waren große protestierende Katholiken, die meinen Übertritt zum Protestantismus als unnötig erscheinen ließen: Friedrich Heer, Carl Amery, Heinrich Böll und vor allem: Reinhold Schneider. »Man kann für die Freiheit sein Leben wagen«, schrieb dieser. »Ob aber Millionen Kinder? ... Und ob es eine Mutter geben wird, eine christliche oder nichtchristliche, die unter allen Schmerzen das Ausbleiben des Sohnes weniger fürchtet als seine Heimkehr mit von den modernen Waffen befleckter Hand und zerstörter Seele? Da nach der dankenswert wahrheitsliebenden Erklärung des Generals James Gavin vor dem Ausschuß für Luftstreitkräfte des amerikanischen Senats in einem totalen Atomkrieg mit ›mehreren hundert Millionen Toten‹ zu rechnen ist – wo und wie der Wind weht –, so haben die Kriegführenden doch wenigstens den Tod von hundert Millionen Kindern zu verantworten, die weder nach Freiheit noch nach Unfreiheit gefragt werden können. Hier aber, nicht in der Wahl des Mündigen zwischen Freiheit und Tod, die einfach wäre, spielt der eigentliche, der heillose Ernst der Entscheidungen, die die Menschheit auf ihrem tragischen Weg heraufgerufen hat.«

Natürlich las und sah ich in der Folgezeit alles, was meinen Antimilitarismus unterstützen konnte: W. Borcherts *Manifest* war sogar die Lektüre des Deutschunterrichts: »Pfarrer auf der Kanzel, wenn sie dir morgen befehlen, du sollst den Mord segnen und den Krieg heiligen, dann gibt es nur eins: Sag NEIN!« An der Wand unseres Klassenzimmers hing in Originalgröße Pablo Picassos *»Guernica«*, diese ewige Anklage gegen den Krieg an sich – *mir* war sie ein Argument; aber den anderen? Paradox genug: Unter tausend Wehrpflichtigen damals fand sich weniger als auch nur *ein* Wehrdienstverweigerer. Die Kirche hätte so viel Sorge um den Erfolg der Adenauer-Politik durchaus nicht an den Tag legen müssen. Im Gegenteil, es war augenfällig, welch ein politisches Schicksal der »Deutschen Friedens-Union« und den Ostermarschierern beschieden sein würde: Sie galten als verkappte Kommunisten, als notorische Antiamerikanisten, als Lenins »nützliche Idioten« oder als »Chruschtschows fünfte Kolonne«. Mich aber ließen die Bilder der *Opfer* nicht los. Ich sammelte Fotos aus Illustrierten und Zeitungen und versah sie mit kleinen Gedichten – meine erste »literarische« Tätigkeit. Natürlich wurde die Mappe nie gedruckt – was wußte ich auch von der Rasterwiedergabe von Pressefotos oder von den Rechten auf Veröffentlichung! Immerhin erwies sich mein Sammelmaterial als recht wirksam: Als ich es zwei Jahre später im Theologenkonvikt zu Münster 1960 unter Kommilitonen herumreichte, trug es mir eine Anzeige beim Hausvorstand ein nebst einer »Anfrage«, wie es um mein »*sentire cum ecclesia*«, um meinen kirchlichen »Korpsgeist«, bestellt sei. Man wußte halt noch nicht, daß schon drei Jahre später, auf dem 2. Vatikanischen Konzil, »die Kirche« selbst in dieser Frage »links schwenk, marsch« befahl: Ab 1963 gab es auch katholischerseits ein Recht auf Wehrdienstverweigerung. Man konnte fortan als Katholik sowohl dem Frieden mit Waffen dienen als auch ohne Waffen. Das war famos! Formal war ich rehabilitiert. Innerlich aber wurde meine Distanz zu jeder Art von »offizieller« Theologie eher noch verstärkt. Wie denn?! Da gab es plötzlich eine »Erlaubnis« auf »Gewissensfreiheit«, und schon folgten alle Moraltheologen weisungsgemäß dieser neuen Marschrichtung? Wieviel Wert hat eine »erlaubte« oder gar verordnete »Freiheit«? Und was hatten all diese Dozenten der Gottesoffenbarung jahraus, jahrein vorgepredigt – wider besseres Wissen, ganz offensichtlich, denn es gab in der ganzen Debatte nicht ein einziges neues Argument! Wenn es wirklich jetzt die neue »Überzeugung« der katholischen Moraltheologen war, die

Wehrdienstverweigerung als ein Gewissensrecht zu verteidigen, was war dann ihre Meinung all die Zeit vorher gewesen? Noch ein paar Monate zuvor, während der Kuba-Krise 1962, waren amerikanische Atombomberpiloten mit kirchlichem Segen aufgestiegen, um nötigenfalls den großen Schlag gegen das Moskowiterreich des Bösen zu führen – kein Papst noch Bischof hatte gegen die Bereitschaft zum Massenmord ein moralisches Veto eingelegt. Jetzt schien man lediglich dem wachsenden Druck nach gesellschaftlicher Liberalität nachzugeben. Der Sache nach war man dicht dabei, die notwendige Tragik allen geschichtlichen Handelns zu begreifen, doch in Wirklichkeit weigerte man sich, in diese Tragik sich selber als Kirche miteinzubeziehen. Den Beweis dafür lieferten alle katholischen Pastoren der BRD an einem Sonntag des Jahres 1963.

Bei einiger Ehrlichkeit hätte die katholische Kirche (West-)Deutschlands damals meinen geistigen Wegbegleitern, Leuten wie Heer, Böll oder Amery öffentlich und in aller Form den gebührenden Dank abstatten müssen: Sieben Jahre lang hatten sie in der Frage Krieg und Frieden genau den Standpunkt vertreten, den die Kirche von nun an selber einnahm. »Ihr«, hätte man sagen müssen, »habt Widerstand geleistet dort, wo wir alle einem irrigen Meinungszwang uns gebeugt haben. Ihr habt mehr Mut, mehr Wahrheitsliebe, mehr Zivilcourage bewiesen als alle Bischöfe, Prälaten und theologischen Kirchendiener im Amte zusammengenommen. Wir lernen von euch heute, und wir danken euch heute, Wegbereiter der Aufrichtigkeit und der Gradheit, die ihr uns seid. Und wir bedauern, daß wir es fertigbekommen haben, einen Mann wie Reinhold Schneider von den Katholikentagen der Nachkriegszeit ausgesperrt zu haben. Wir bedauern all das, was wir an Schmähung und Verleumdung unsere Schreiberlinge in den Kirchenzeitungen haben gegen euch ausstreuen lassen. Es tut uns aufrichtig leid!« Um mich innerlich mit der katholischen Kirche auszusöhnen, hätte ich dieses oder ein ähnliches Wort aus berufenem Munde vernehmen *müssen*. Statt dessen erdreistete sich der bundesrepublikanische Episkopat, just in der Zeit des beginnenden Umdenkens einen »Hirtenbrief« zu verfassen, der in allen Kirchen die drei genannten Autoren zu Kirchengegnern und zu Feinden der katholischen Moraltheologie erklärte. Es war monströs. Heinrich Böll weigerte sich, noch weiter Kirchensteuern zu zahlen, aber was half's? Die Kirche hatte recht gehabt zu haben, selbst dort, wo sie sogar nach eigenem Urteil ihre Meinung als erkennbar falsch zurücknehmen mußte; die Kirche war im Recht gegen jeden, der es gewagt hatte, auch nur ein paar Jahre früher derselben Meinung gewesen zu sein, die sie fortan selber vertrat; die Kirche vergab niemals denen, die durch ihre Existenz den Beweis geliefert hatten, wie fehlbar das unfehlbare Lehramt der katholischen Kirche in Wirklichkeit sein konnte. Für den Frieden zu kämpfen – das heißt, allen, insbesondere allen geistigen Macht- und Amtsinhabern, mit Skepsis und Mißtrauen zu begegnen, so lernte ich damals, und es gab bis heute für mich noch keinen Grund, dieser Lektion aus dem Jahre 1963 eine andere, regimefreundlichere, hinzuzufügen.

Kaum war die Kuba-Krise vorüber, begann das »Engagement« der Amerikaner in Vietnam, begleitet von den verständnisvollen Kommentaren fast aller patriotischen Leitartikler der großen westdeutschen Tageszeitungen. Es war mein *Fehler*, selbst damals noch den Mächtigen *zu viel* vertraut zu haben. Ich hielt General Westmorelands Pläne zur Besetzung von Südvietnam, Laos und Kambodscha für wahnsinnig, doch ich konnte auch nicht mitjubeln auf seiten der Anhänger Ho Tschi Minhs. Ich hatte niemals ein »nur gutes Gewissen«. Nirgendwo sah ich klare und eindeutige Lösungen. Die Theorie von der »Gegengewalt«, die sich militärisch organisieren müsse, um der strukturellen Gewalt des Kolonialismus und des Kapitalismus in Algerien, im Kongo, in Kenia, in Vietnam – überall auf der Welt – entgegenzutreten, konnte ich zwar verstehen, aber: Seit wann wird man ein freier Mensch, wenn man sich von seinem Gegner das Gesetz des Handelns diktieren läßt? Mahatma Gandhis Konzept vom gewaltlosen Widerstand war und blieb für mich die einzige Form von Freiheit, für die ich mich begeistern konnte. Aber außerhalb des Freund-Feind-Denkens scheint es schwer, eine größere Masse zu mobilisieren. Für ein Programm mit Wenn und Aber läßt sich kaum auf der Straße demonstrieren. Wie überhaupt soll Frieden erreichbar sein, solange »Politik« nichts weiter ist als verwaltete Macht zugunsten nationaler Egoismen und bestimmter Gruppeninteressen? Wie war es möglich, mit religiösen Mitteln die Vorherrschaft des politischen Prinzips zu *durchbrechen*? Die Befriedung des Menschen wurde mir nach und nach wichtiger als die ohnmächtigen Löscharbeiten gegenüber den nicht endenden lokalen Konflikten und Kriegen. Die Suche nach den psychologischen und sozialen Kriegsgründen begann; die Problematik vertiefte sich. Ihr Gewicht zog mich immer tiefer hinunter, wie ein Senkblei, das an der Oberfläche den Augen entschwindet, um die Tiefe des Abgrunds vor den eigenen Füßen auszuloten. In meinen Predigten und Vorträgen hielt ich mich deshalb mit politisch

»klaren« Aussagen lange Zeit eher zurück; es schien mir schon viel getan, wenn es gelang, Zweifel zu säen gegen allzuviel Sicherheit.

So schrieb ich 1982 unter dem Titel *»Der Krieg und das Christentum«* (4. Aufl. 1991: *Die Spirale der Angst*) eine Art Zusammenfassung all der Einsichten, die ich im Verlauf der Jahre aus den verschiedensten Fachgebieten (Verhaltensforschung, Psychoanalyse, Kulturanthropologie, Religionsgeschichte, Sozialpsychologie u. a. m.) zum Problem des Krieges gewonnen hatte. Ich vertrat in diesem Buch, wenn man so sagen will, einen Pazifismus des schlechten Gewissens – keinen selbstsicheren Entwurf zur Lösung der Weltenrätsel, wohl aber eine recht kritische Analyse der Gefahren von Patriarchalismus, Dogmatismus, Fanatismus und Intoleranz. »Im Abendland hat es niemals ein Christentum gegeben, sonst wären von dort nicht ständig Kriege ausgegangen.« Diesen Satz Mahatma Gandhis, den ich als Motto der Arbeit voranstellte, hielt ich aus vielen Gründen für unwiderlegbar. Aber was soll aus einem Theologen werden, der seiner eigenen Kirche zweitausend Jahre nach Christus schwarz auf weiß bescheinigt, aufgrund ihres Exklusivitätsanspruchs auf göttliche Wahrheit dialogverweigernd, aufgrund ihres Dogmatismus friedensunfähig und aufgrund ihres theologischen Intellektualismus und Moralismus psychisch neurotisierend statt pazifizierend zu wirken? Obwohl ich ausführlich zeigte, welche Chancen speziell die katholische Kirche haben könnte, nähme sie ihre eigenen Lehren zugunsten eines integraleren Menschenbildes endlich beim Wort, begann mit dieser Veröffentlichung über den Krieg der Kirchenkampf gegen meine Anschauungen, zunächst mit der Strategie stillschweigender Verbote und Ausgrenzungen, dann auch öffentlich geäußerter Verdächtigungen und Vorwürfe, schließlich der von langer Hand lancierten Verurteilung und Amtsenthebung als Theologiedozent und Priester.

Ihren vorläufigen Höhepunkt erreichte die Auseinandersetzung um die Frage von Krieg und Frieden für mich zwischen August 1990 und März 1991. Der Leser wird sich erinnern: Kaum hatte der Irak nach einer Kette unmißverständlicher Drohungen Kuwait besetzt, erklärte George Bush unverzüglich, Saddam Hussein müsse sich bedingungslos aus dem Ölscheichtum zurückziehen; es werde keine Verhandlungen und auch keine Wahrung des Gesichtes geben. »Gib auf, du Ratte, oder ich zerquetsche dich.« Ich habe für die zynische Politik der Baath-Partei in Bagdad niemals Sympathien aufgebracht; aber ich wußte damals nicht, daß es die CIA gewesen war, die 1982 den Plan zum Überfall auf den Iran Khomeinis ausgeheckt und den irakischen Diktator gewissermaßen als ihren Kettenhund von der Leine gelassen hatte. Ich wußte nur ganz sicher, daß kein Araber sich in dem Tone des amerikanischen Präsidenten kommandieren läßt und daß, wer ernsthaft Frieden will, nicht monatelang Verhandlungsangebote ablehnen kann. Um so entsetzter war ich, daß selbst bis dahin eher kritisch eingestellte Gazetten den Aufmarsch der Amerikaner am Golf mit größtem Verständnis begleiteten. Fünfzehn Jahre Friedensforschung und Vietnam-Schock schienen plötzlich wie vergessen. Tausend gute Ratschläge zur Kriegsvermeidung – Abbau der Feindbilder, Verzicht auf negative Stereotype des Gegners, Vorsicht bei allen Versuchen einer Verabsolutierung des eigenen Rechtsstandpunktes –, nicht ein einziger wurde beachtet. Saddam Hussein war ein Diktator, ein zweiter Hitler, ein Wahnsinniger, das Böse an sich. Man lancierte gefälschte Bilder von den Greueltaten irakischer Soldaten in die Presse, um die Kriegsstimmung anzuheizen, und George Bush erklärte: »Dieser Krieg wird geführt werden nicht zwischen Juden, Christen und Muslimen, sondern um das, was allen Religionen zugrunde liegt, um den ewigen Kampf zwischen Gut und Böse; und ich sage, der Ausgang dieses Krieges kann nur der Sieg des Guten sein.« Sechs Monate lang sah ich vor mir, wie es kommen würde: Amerikanische Bomber würden von bestimmten Stützpunkten aus in Ausnutzung ihrer absoluten Luftüberlegenheit das ganze Spektrum ihrer Vernichtungswaffen – Napalm, Druckbomben, Splitterbomben, Marschflugkörper usw. – über den Irak ausschütten, und es würde dabei nicht die geringste Rolle spielen, wie viele Zehntausende von arabischen Frauen, Kindern und Männern getötet oder lebenslänglich verwundet werden würden. Von Mitte Dezember 1990 an glaubte ich, auch in den sonntäglichen Meßfeiern die Nonchalance, mit der man erneut den Krieg als ein Mittel der Politik betrachtete, nicht mehr mittragen zu können. Wie kann man um Frieden zu Gott beten, wenn man es hinnimmt, daß die eigenen »Verbündeten«, daß die westliche »Ordnungsmacht« USA zur Durchsetzung ihrer Vorherrschaft den Krieg ohne jede Alternative sich als »Option« offenhält? Und die sonst so redefreudigen deutschen Bischöfe schwiegen, das heißt, sie drückten ihre »Sorge« aus! Im Januar 1991 übernahm ich die Leitung des Friedenscamps auf dem Rathausplatz in Paderborn; zweimal die Woche versammelten sich dort weit über tausend Menschen, und ich versuchte ihnen zu sagen, daß Angst um sich selbst ein schwaches Argument für den Frieden sei; doch man müsse verhindern, daß man immer noch einen Sieg auf dem Schlachtfeld als Triumph der Gerechtigkeit statt als Niederlage der Menschlichkeit begehe. Ich wußte, daß wir nichts aufhalten würden. Aber ich wollte es gesagt haben. Ich glaubte auch zu wissen, daß nach dem Golfkrieg die Kriegsgewinnlerei, der Waffenhandel, das Ölmarketing und, vor allem, der Ausbau der amerikanischen Weltvorherrschaft noch skrupelloser als vorher vorangetrieben werden würde und daß wir Deutschen nach der Wiedervereinigung vermutlich sogleich in diesen Interessensog hineingezogen werden würden. Der Verteilungskampf der Ersten Welt gegen die Dritte Welt ist seither in seine militärische Austragungsform getreten, und so wird es weitergehen. Mir sind die »Erfolge« der Friedensbewegung seit jeher als kurzfristige Illusionen erschienen; und doch ist es nötig, an den Frieden zu glauben, selbst wenn der »Krieg gegen den Krieg« in unseren Tagen anscheinend nicht zu gewinnen ist. Rein menschlich hatte wohl der Gotenkönig Teja recht: Man muß sich selbst treu bleiben, darum geht es; und auch die Gewißheit der sicheren Niederlage sollte uns nicht davon abhalten, zu tun, was richtig ist.

Aber was läßt sich schon »tun«? Während ich diese Zeilen schreibe, im Herbst 1993, graut mir vor dem kommenden Winter. Ich beobachte mit Schrecken, wie der Herbst die Blätter verfärbt, mich schaudert vor dem immer früheren Anbruch der Dunkelheit am Abend. Unaufhaltsam naht jetzt der Winter und mit ihm die Gewißheit, daß bald schon Kälte und Schnee in Bosnien-Herzegowina Tausende von Menschen das Leben kosten werden. Ich weiß keine Antwort auf dieses Ausmaß an Haß und Zerstörung, nur daß sich in den Konflikten von Ex-Jugoslawien noch weit deutlicher als gewöhnlich zeigt, daß es Frieden nicht gibt um den Preis von Gewalt. Eine Zeitlang erschienen »die Serben« in den deutschen Medien als die lebenden Teufel, dann auch »die Kroaten«, dann wieder »die Muslime«. Wann endlich wird man begreifen, daß Menschen allerorten so sind und sein können? Sie werden niemals einen Krieg führen, ohne subjektiv heilige Güter zu verteidigen. Erasmus von Rotterdam sagte vor fast fünfhundert Jahren ganz richtig, die Lehre vom »gerechten Krieg« scheitere schon daran, daß es niemanden gebe, der im Kriegsfall seine Sache für »ungerecht« halten werde. Wer weiß schon davon, und vor allem, wer *schreibt* schon darüber, wie 1942 die Serben, nur weil sie orthodoxe Christen sind, zu Hunderttausenden von den römisch-katholischen Kroaten ermordet wurden? Der Vatikan billigte seinerzeit stillschweigend diese »Nebenerscheinungen« der Ustasha-Bewegung beim Aufbau eines katholischen Kroatiens, und – erneut – gibt es bis heute auch hier nicht einmal ein Schuldeingeständnis des Vatikans darüber. Serben und Kroaten sprechen ein und dieselbe Sprache; es bestehen zwischen ihnen keine anderen Unterschiede als das gemeinsame christliche, doch konfessionell verschiedene Glaubensbekenntnis. Wenn irgend man sich die katastrophalen Folgen kirchlich geförderter Rechthaberei im Verlauf von Jahrhunderten in brutaler Deutlichkeit vor Augen führen will, so wird sich dazu keine eindringlichere Gelegenheit bieten als gegenwärtig in Bosnien-Herzegowina. Worin liegt der dogmatische Differenzpunkt zwischen Orthodoxen und Katholiken? Selbst nach mehr als fünfhundert staatlich verordneten Religionsstunden in zehn Jahren Schulunterricht dürfte kaum jemand verstehen, was für die offizielle kirchliche Dogmatik zwischen Orthodoxen und Katholiken vermeintlich so allesentscheidend ist: Die Frage, die seit dem 11. Jahrhundert als kirchenspaltend gilt, lautet, ob der Heilige Geist, die dritte Person der dreifaltigen Gottheit, durch »Hauchung« des Vaters *und* des Sohnes oder nur des Vaters durch den Sohn »hervorgeht«. Betrachtet man die Botschaft Jesu im Neuen Testament, so mutet es empörend, ja geradewegs pervers an, mit Berufung auf den Mann aus Nazareth wegen derart absurder theologischer Spitzfindigkeiten einen tausend Jahre langen Glaubenskrieg zu schüren.

Vor einem Jahr, zeitgleich mit der kirchlich verordneten Enthebung vom Priesteramt, konnte ich endlich den ersten Band eines Kommentars zum *Matthäusevangelium* vorlegen, darin eine ausführliche Auslegung der Bergpredigt. »Wer dich auf die eine Wange schlägt, dem halte die andere hin. Wer dir den Mantel nehmen will, dem schenke freiwillig dein Hemd. Glücklich die Wehrlosen. Glücklich die Friedenschaffenden. Sie sind die eigentlichen Gotteskinder.« Ich mußte wohl erst fünfzig Jahre alt werden, um entgegen der kirchlichen Fehldeutung der kostbarsten Worte Jesu zu begreifen, was der Mann aus Nazareth wirklich meinte: Solange Menschen irgend etwas als ihren »Besitz«, als ihr »Recht«, als ihr »Vermögen« betrachten, wird alles Gerede von Gerechtigkeit, Rechten und Pflichten die Menschen auf Erden nicht untereinander verbinden, sondern, womöglich im Namen Gottes, voneinander trennen. Frieden wird es nur geben, wenn man die Welt nicht aus der Perspektive derer betrachtet, die etwas sind, haben und können, sondern aus der Perspektive derer, die nichts sind, nichts haben und nichts können. Nur dann wird man merken, daß alle Menschen unterschiedslos nicht anders leben können als rein aus Vergebung, Güte, Verstehen, Offenheit und Akzeptieren. Gott ist kein »Prinzip« der Ausgrenzung, er ist nicht die metaphysische Rechtfertigung der eigenen Rechthaberei, er ist der lebendige Grund der Versöhnung aller Menschen, so dachte Jesus nach allem, was wir von ihm wissen.

Doch was bedeutet das nun für die Muslime in Bosnien? Ich weiß es nicht; ich kann es nicht einmal raten. Und doch höre ich nicht auf, an die Utopie eines Reichs Gottes auf Erden zu glauben. Ich wage nicht zu fragen: Was würde der Jude Jesus heute tun? Ich frage mich probeweise nur, was würde der Hindu Gandhi als Moslemführer heute sagen, er, den man tötete, weil er, betend, von sich behauptete: »Ich bin Christ, Muslim und Hindu«? Vermutlich würde er in diesen Tagen die 5. Sure des Koran zitieren, in welcher es heißt: »Wer eines Menschen Leben nimmt, der ist wie einer, der aller Menschen Leben nimmt; und wer eines Menschen Leben rettet, der ist wie einer, der aller Menschen Leben rettet.« Und er würde den »Schriftbesitzern«, den Christen, sagen: »Worüber streiten wir uns? Über die Wahrheit unseres Glaubens? Sie liegt allein in der Menschlichkeit. Also laßt uns gemeinsam kämpfen und wetteifern um die größere Menschlichkeit! Wenn es euch aber gar nicht um Wahrheit und Frömmigkeit geht, wenn ihr nur einfach unsere Häuser und Felder euch aneignen wollt, so sagen wir: Zeigt aller Welt heute, wie ihr zweitausend Jahre nach Christus das Gebot eures Meisters versteht – Gebt alles, was ihr habt, den Armen! Wir jedenfalls können uns nicht zu Hause fühlen in Häusern, an deren Wänden das Blut von Menschen klebt, die wir töten mußten, um den Besitz dieser Häuser zu verteidigen. Wir können nicht mit einer Erde verwurzelt bleiben, die durchtränkt von dem Blut derer ist, die wir töten mußten, um von ihr nicht vertrieben zu werden. Eher ziehen wir freiwillig fort aus einem Land von Christen, das in den achthundert Jahren, da wir hier lebten, nicht lernen konnte, in den Angehörigen einer anderen Religionsform das gemeinsame menschliche Erbe zu erkennen. Daher bitten wir unsere muslimischen Brüder nicht um Waffen zum Töten, sondern, wenn es nicht anders sein soll, um das Gastrecht der Aufnahme.«

Ich bezweifle nicht, daß allein der Gedanke, ein Politiker könnte so sprechen, für ganz und gar wirklichkeitsfremd erklärt werden wird. Doch gerade darin sehe ich das eigentliche Problem. Für den Inder Mahatma Gandhi wäre es durchaus nicht wirklichkeitsfremd gewesen, so zu denken, es wäre ihm, ganz im Gegenteil, als ganz natürlich und naheliegend erschienen. Es sind nur wir im »christlichen« Abendland, denen der Glaube Jesu immer noch als völlig »unmöglich« anmutet. Dogmen und Grenzen, Glauben und Pflichten, Religion und Staat sind uns immer noch weit wichtiger als die Einheit der Menschen, als eine einfache unteilbare Menschlichkeit. Die einzige »Kirche«, die Gott wirklich will, ist die ganze Menschenfamilie ohne Unterschied, ohne Herrschaftsanspruch, ohne lehramtliche Bevormundung. Doch besser ist es, Unrecht zu leiden, als Unrecht zu tun. Besser ist es, selber zu leiden, als Leiden zu schaffen. Besser ist es, getötet zu werden, als das Töten zum Mittel des Überlebens zu erklären. »Hört doch auf, die Leute zu fürchten, die nur die Macht haben, euch physisch zu vernichten. Nehmt einzig Gott ernst.« Nur wer nach diesem Jesus-Wort lebt, ist ein wirklich freier, ein wirklich friedensfähiger Mensch. Er ist nicht mehr einzuschüchtern.

Und dann gilt das Wort Dostojewskis: »Die Sanftmut ist eine furchtbare Macht.« Nichts ist gefährlicher für das ewige Eis als das Wehen des Südwinds. Das Umschichten gefrorener Blöcke mit Sprengstoff und Hacke mag zwar das Antlitz der Landschaft verändern, doch ändert es nichts an der Wirklichkeit: Es ist immer noch Winter.

2
Geben Sie Gedankenfreiheit, Sire
oder
Der Protest der Wahrheit

Die Erlösung der Welt ist kein Werk der Politik; schon deshalb darf die Kirche sich nicht an die Politik verraten. Selbst im Rückblick scheint es mir nichts Geringes, mit sechzehn Jahren auf mein Gefühl und mein Empfinden mehr gehört zu haben als auf die Weisungen einer Institution, die ich meiner ganzen Herkunft nach für göttlich, für unfehlbar, für geistgeleitet, ja für den »fortlebenden Christus« selbst halten mußte. Es war die Unerbittlichkeit des kirchlichen Standpunktes, die mich dazu zwang, das dogmatische Selbstbild der Kirche in Zweifel zu ziehen. Die Bischöfe einer Kirche, die sich erkennbar eher auf die Staatsphilosophie der alten Römer als auf die Bergpredigt bezieht, sind nicht die Nachfolger der Apostel, sondern die Nachahmer der römischen Caesaren und ihrer Auguren.

Doch es war nicht nur der offenbare Wille zur Macht, der mir die Kirche, gemessen am Beispiel Jesu, als zweifelhaft erscheinen ließ, es war vor allem der intellektualisierte Aberglaube ihrer Dogmen und Moralvorstellungen, der mir Schwierigkeiten machte.

Dabei blieb mir ursprünglich gar nichts anderes übrig, als die kirchlichen Lehren so ernst zu nehmen wie nur möglich. Es war 1948, in der Zeit meines Erstkommunionunterrichtes, als mein Heimatort Bergkamen, ohnehin vom Krieg schwer verwüstet, von einer Schlagwetterexplosion heimgesucht wurde, die eine ganze Schicht, etwa vierhundertvierzig Mann, unter Tage begrub. Die Natur, die Geschichte, die Menschen, die Erde – alles schien zu wanken. Nur in Gott, so lehrte man mich, gab es Halt und Geborgenheit, und Gott wohnte im Tabernakel jeder noch so kleinen katholischen Kirche. Alles, was die Priester dieser Kirche von Amts wegen taten, war ein »Sakrament« Gottes. Das irdische Leben war nur ein kurzer Weg durch die Zeit; aber die ganze Ewigkeit lag in den Lehren und Riten der Kirche beschlossen. Alles, was Gott den Menschen bis zum Ende der Tage zu sagen hat, das hatte er in den Mund und in die Hände der Amtsdiener der römisch-katholischen Kirche gelegt. Es gab nichts, was mich mehr interessiert hätte als die Fragen der Religion. Es konnte nicht ausbleiben, daß so viel schwüle Luft irgendwann einen Wirbelsturm entfachen würde.

Bestimmt gibt es Hunderttausende von Leuten, die sich noch daran erinnern können, wie sie als Jugendliche C. W. Cerams *Götter, Gräber und Gelehrte* gelesen haben – das Buch war seit seinem Erscheinen 1949 ein absoluter Bestseller, ein archäologischer »Roman«, also das erste Beispiel eines glänzend geschriebenen Sachbuches. Wer aber möchte vermuten, daß es *mich* zum ersten Mal wahrhaft auf »häretische« Gedanken brachte! »Wie konnten alle Tiere der Erde in Noahs Arche untergebracht worden sein?« Diese zweiflerische Frage hatte ich auch früher schon angemeldet; doch ein Onkel väterlicherseits, der protestantische Religion unterrichtete, hatte mir das »rechte« Verständnis der Bibelstelle eröffnet: Viele Völker berichteten von einer großen Flut, und es ist wirklich ihre ganze Welt, die von der Katastrophe betroffen wird, doch die Welt selbst ist noch viel größer. Das leuchtete mir ein, obwohl ich nicht recht begriff, wieso alle Menschen damals nur auf einem kleinen Stück Erde gelebt haben sollten, um von einer begrenzten Flut erfaßt zu werden. Doch immerhin war der Kern der Erzählung »gerettet«: Die Sintflut hatte es wirklich gegeben, Noah war wirklich von Gott auserwählt worden, und daß die Tiere überlebt hatten, konnte man ja allerorten sehen. Damals war ich zehn Jahre alt. Jetzt, vierzehnjährig, zeigte mir Ceram, daß die biblische Erzählung von der großen Flut die späte Kopie einer viel älteren sumerischen und akkadischen Erzählung war. Der Held der Sintflut war nicht Noah, sondern Utnapischtim, und der Gott, der die Flut schickte, hieß nicht Jahwe, sondern Ea; die Götter selbst erschraken über ihr eigenes Tun – verängstigt hockten sie hinter den Schilfwänden, als der große Regen herniederströmte; doch wie in der Bibel wurde ihnen wieder wohler, als nach Ablauf der riesigen Überschwemmung der Fettdampf des Brandopfers der Überlebenden in ihre Nasen stieg.

Unter meinen Füßen bebte die Erde: Eine der bekanntesten, großartigsten und für die Kirche wichtigsten Erzählungen der Bibel, die Geschichte der Sintflut, war erwiesenermaßen nur die freie Bearbeitung einer rund fünfzehnhundert Jahre älteren mesopotamischen Mythe! Die Bibel war nicht das Wort Gottes, sondern das Echo früherer Göttererzählungen! Die Bibel war nicht historische Wahrheit, sondern genau das, was man den »heidnischen« Religionen vorwarf: lediglich Dichtung, Sage, Mythos und Legende, nicht aber »wahres« Zeugnis von Gottes Handeln in der Geschichte!

Und das am meisten Erstaunliche: Ceram schrieb, vor wie vielen Jahren schon man das Gilgamesch-Epos entziffert und übersetzt hatte! Ich fragte meinen Religionslehrer – er wußte nichts davon. Ich fragte meinen Heimatpfarrer – er redete lateinisch: *Roma locuta, causa finita* – wenn Rom etwas zu glauben befiehlt, dann nehme ich meinen Kopf unter den Arm. Ich war fest entschlossen, meinen Kopf aufzusetzen. Denn wenn schon die Geschichte mit der Sintflut nicht stimmte, so stimmte vieles andere wohl auch nicht. Was denn! Adam und Eva wären von einer sprechenden Schlange verführt worden? Ja, sagte mein Religionslehrer; eine päpstliche Bibelkommission hatte es Anfang dieses Jahrhunderts so entschieden. Aber der Turm von Babel – auch das hatte die Bibel durcheinandergebracht. Der Etemenanki zu Babel, schrieb Ceram, war gar kein himmelstürmender Frevel, sondern eine große babylonische Tempelanlage gewesen. Die Geschichte von Moses im Schilfkörbchen stammte von Sargon von Akkad, und Livius erzählte etwas Ähnliches auch anläßlich der Geburt von Romulus und Remus. In einem Büchlein für Elektrobastler fand ich, daß die Bundeslade der Hebräer, die zu berühren tödlich sein konnte, der Beschreibung nach exakt der Definition eines Kondensators entsprach – unter Gewitterspannung konnte sie sich aufladen und bei Berührung einen gefährlichen elektrischen Schlag versetzen. Was man für Gott hielt, beruhte also lediglich auf Unkenntnis der Naturzusammenhänge. Und die Erscheinungen von Donner und Blitz am Sinai, als Gott die Gebote erließ – hatte nicht vielleicht Moses selbst das alles mit einem primitiven Sprengstoff arrangiert, der ihm das Gesicht versengte, so daß er mit von Salben »glänzendem« Gesicht zu seinem Volke zurückkehrte? Die

Gotteserscheinungen als Rauch- und Feuersäulen auf der Wüstenwanderung waren natürlich nur einfache Wegmarkierungen gewesen. Aber wenn es so war, was nannte dann die Bibel nicht alles »Gott«?

In meiner Ratlosigkeit griff ich zum *Neuen* Testament – wenigstens hier mußte doch Wahrheit sein! Aber auch hier war die Lage nicht besser. Jesus verwandelte fünf Brote in Nahrung für Tausende – so etwas Ähnliches hatte ich schon gehört in der Geschichte vom getreuen Eckhart. Oder: Im 17. Kapitel des Matthäus-Evangeliums läßt Jesus seinen Petrus einen Fisch fangen, der eine Münze im Maul trägt – war das nicht vergleichbar mit dem Märchen der Brüder Grimm, *Die Goldkinder*? Je mehr ich las, desto mehr Fragen kamen mir, und desto mehr wiederum las ich, um sie zu beantworten – eine Spirale, die sich jahrelang immer weiterdrehte. Schlimm war vor allem, daß die Geistlichen, mit denen ich es zu tun bekam, allesamt darauf bestanden, meine »Glaubenszweifel« als Aufsässigkeit gegen die Lehren der Kirche beziehungsweise als Sünde gegen die inspirierte Wahrheit des Gotteswortes zu werten. Dies konnte ich ehrlich sagen: Ich *wollte* überhaupt nichts bezweifeln; die Zweifel kamen von ganz allein. Sie schlummerten offenbar als Keime des Lebens im Boden, und es brauchte nur ein wenig Wind und Sonne, ein wenig Geist und Einsicht, um die ganze Tundra der kirchlichen Steppe in eine üppig blühende Landschaft zu verwandeln. Es war gar nicht möglich, ein altsprachliches Gymnasium zu besuchen und *nicht* bei einer einigermaßen religiös erwachten Neugier auf die sonderbarsten Gedanken zu kommen.

War es wirklich ein Unterschied, wenn Homers Odysseus, statt bei Zeus, bei Pallas Athene um Hilfe nachsuchte – und wenn die Katholiken sich, statt an Gott, an die Jungfrau und Mutter Maria wandten? Waren womöglich all die »Heiligen« der Kirche nur die Nachfahren des hellenistischen Götterhimmels? Livius konnte, ein wenig spöttisch, berichten, wie Romulus in einem Gewitter zum Himmel emporfuhr; wenn *das* »nur« ein Mythos war, wieso war es Wahrheit, wenn dieselbe Geschichte von Jesus berichtet wurde? Am ärgsten wurde es, als ich ein kleines Buch über das Leben des Buddha in die Hand bekam. Schwarz auf weiß stand da zu lesen, wie der Buddha von seiner Mutter Mahamaya durch einen weißen Elefanten, ohne Dazutun eines Mannes also, empfangen und im heiligen Hain von Lumbini aus der Seite geboren worden war. Mahamaya, die eine Woche danach verschied, war mithin, ganz entsprechend dem christlichen Dogma, eine »Jungfrau vor, in und nach der Geburt« gewesen. Es litt in meinen Augen keinen Zweifel, daß diese Geschichte eine Legende respektive ein Mythos war; nicht anders aber konnte es dann im Neuen Testament sich verhalten! Die Kirche hatte unrecht, wenn sie lehrte, Jesus sei historisch in Bethlehem von einer Jungfrau geboren worden! Die Geschichte von der Jungfrauengeburt war überhaupt kein Sondergut des Christentums. Auch Romulus und Remus waren als Kinder des Mars von ihrer Mutter Rhea Silvia als einer Jungfrau geboren worden und als Gottessöhne zur Welt gekommen. Und es gab auch sonst genügend andere Parallelen: Auch das Schicksal des Buddha war von dem Weisen Asita vorhergesagt worden, ähnlich wie es der greise Simeon über das Jesuskind getan hatte. Auch der Buddha war in Bodhgaya von dem bösen Dämon Mara in

Versuchung geführt worden, ganz wie Jesus vom Teufel in der Wüste. Auch der Buddha war bloßen Fußes über das Wasser gegangen... Was also war die Wahrheit der Bibel, wenn sie so deutlich von der historischen Wirklichkeit sich entfernte und im Reich der Mythen und Legenden sich verlor?

Wohlgemerkt, ich suchte leidenschaftlich nach irgendeinem religiösen Halt in meinem Leben, ich trug ein dringendes Verlangen nach einer alles rettenden, göttlichen Wahrheit; aber es war die Kirche, die mit ihrer Haltung die Bibel um jeden Kredit brachte, indem sie in Gestalt meines Religionslehrers die gesamte Problemstellung leugnete: Die Päpste hatten die Bibel in allen Teilen für historisch erklärt, also *war* sie historisch wahr. Man hatte in der Vergangenheit Theologen verurteilt, nur weil sie daran zweifelten, ob Jona – wie es unzählige Sonnenmythen der Völker berichten – von einem Fisch hatte verschluckt und wieder ausgespien werden können, oder ob es Pflanzen gibt, die, wie Münchhausens Bohnen, in einer Nacht so groß werden können, daß sie tags darauf einem zürnenden Propheten als Schattenspender zu dienen vermögen. Meine Mitschüler, die pflichtweise am Religionsunterricht teilnahmen, schalteten einfach ab; ihnen war und wurde die ganze kirchliche Religion nach und nach egal. Mir nicht. Ich hoffte und hoffte, daß sich hinter all den Verleugnungen, Denktabus und dogmatischen Zwängen eine tiefere Wahrheit erschließen würde.

Die fünfziger Jahre gehörten den Taschenbüchern – Rowohlt zu 1,90 DM, Fischer zu 2,20 DM, ein Reclam-Heft für 0,60 DM, das waren die Recheneinheiten meines Taschengeldes; und so geriet ich unausweichlich an folgendes Taschenbuch: Albert Schweitzers *Aus meinem Leben und Denken*. Dieses schmale Bändchen wurde zu meinem geistigen Leitstern. Hier war ein Mann, dessen Menschlichkeit in aller Welt gerühmt wurde, nach dessen Namen man Schulen benannte und über dessen Lehren man ergreifende Filme wie *Es ist Mitternacht, Doktor Schweitzer* drehte, und dieser Mann schrieb hier in seiner Autobiographie, wie auch er bei der Suche nach dem historischen Jesus schon um die Jahrhundertwende in die Irre geführt worden war. Endlich war es erlaubt zu zweifeln! Endlich war es möglich, in Redlichkeit und Wahrheitsliebe zu diskutieren und allein dem Gewicht des besseren Argumentes zu folgen. Bis dahin hatte ich mir Gedanken gemacht, wieso die Kirche lehren könne, daß Jesus in der Eucharistie »mit Leib und Blut« sowohl in der Gestalt des Brotes als auch in der Gestalt des Weines gegenwärtig sei, wenn doch die Wandlungsworte ausdrücklich sich nur auf jeweils eines von beidem beziehen, und verwirrt war ich dem alten Streit der Calixtiner in der Zeit schon vor der Reformation nachgegangen; jetzt, mit vierzehn Jahren, erfuhr ich von meinem Gewährsmann, daß die gesamte kirchliche Abendmahlslehre mit der Lehre des historischen Jesus durchaus nichts zu tun habe. Ja, selbst das Dogma von der Gottheit Christi basierte auf Vorstellungen, die Jesus als durchaus heidnisch hätten erscheinen müssen. War dem Manne aus Nazareth nicht selbst schon die Anrede des reichen Jünglings »Guter Meister« zu viel gewesen? »Nur Gott ist gut«, hatte er geantwortet. Wie hätte Jesus da seine Verehrung als Sohn Gottes oder als zweite Person der dreifaltigen Gottheit hinnehmen können? Albert Schweitzer zeigte, daß gerade die Menschlichkeit Jesu als das Vorbildliche und Verbindliche in der Person des Nazareners angesehen werden konnte. Mochte es auch sein, daß Jesus sich in der Vorstellung von einem baldigen Ende der Welt gründlich geirrt hatte, mußte deshalb auch sein Glaube falsch sein, daß die Ordnung der bestehenden Welt in ihrer Unmenschlichkeit längst schon am Ende sei? Angesichts der ausufernden apokalyptischen Visionen seiner Zeit hatte der Mann aus Nazareth sich auf eine einzige Frage konzentriert: wie es möglich sei, die Menschen aus der inneren Gefangenschaft ihrer Ängste, Alpträume und Obsessionen herauszuführen, und er hatte dazu kein anderes Mittel gewußt als das Vertrauen zu der Macht, die er seinen und unseren »Vater« nannte, und, daraus erwachsend, eine Offenheit, die es ermöglicht, Grenzen zu überwinden und scheinbar selbstverständliche Verhaltensweisen von Egoismus, Gewalt und Rechthaberei aufzugeben. Merkwürdig: Ich hatte ständig nach objektiven Tatsachen gesucht, um für mein Leben einen Halt zu finden; der kurze Abriß der Autobiographie Albert Schweitzers nun zeigte mir, daß es ganz einfach sei, einen solchen Halt im eigenen Inneren zu finden: Nicht der dogmatische Christus der Kirche, nicht das zwangsweise Festhalten an allen möglichen Ungereimtheiten, vielmehr der verborgene Jesus von Nazareth mit der unmittelbaren Haltung von Vertrauen und Liebe richtete innerlich auf. Es war erlaubt, klar zu denken, es war erlaubt, klar zu fühlen – die Texte der Bibel begannen zu mir selber zu sprechen.

Vor allem später, im Theologiestudium, las ich immer wieder die Wundererzählungen und die Gleichnisse des Neuen Testamentes: So also hatte Jesus getan – er hatte seine Hand auf den Mund des Taubstummen gelegt. Er hatte dem Verkrümmten in der Synagoge befohlen: Steh auf. Er hatte die wie tot daliegende Tochter des Jairus aufgerichtet. Und er hatte Geschichten erzählt von der grenzenlosen Bedürftigkeit des Menschen, von seiner Kostbarkeit und von seiner Armut und davon, daß es sich lohne, in Ruhe zu warten, zu hoffen und auszuharren. In all dieser Zeit erschien es mir als sehr fraglich, ob es einen Gott, wie die Theologen ihn lehrten, wirklich gebe – einen allmächtigen und allweisen Schöpfer der Welt, der vor etwa 2500 Jahren von Zeit zu Zeit, um sich zu »offenbaren«, in den Weltlauf mit »Wundern« und Machtbeweisen eingegriffen habe. Wenn es einen solchen Gott wirklich geben würde, wie ließ es sich dann verstehen, daß dieser Gott offenbar seitdem ungerührt sich mitansieht, wie Millionen von Menschen jährlich verhungern, während er andererseits ein so großes Interesse daran getragen hat, daß eine einzelne Frau in Nazareth auf mysteriöse Weise schwanger wurde? Ich vertiefte mich in Schweitzers Lehrmeister, in die Schriften Arthur Schopenhauers: Das Leid der Kreatur war eine einzige Widerlegung des jüdisch-christlichen Gottesgedankens, das leuchtete mir ein. War diese Welt nicht eine unablässige und unauflösliche Kette von Qualen und Plagen aller Art? Wenn man den Gang der Geschichte aus der Perspektive des Einzelnen betrachtete, stellte sie sich dann nicht als eine einzige Orgie der Sinnlosigkeit und des Scheiterns dar? Es wurde mir mehr und mehr gleichgültig, ob Jesus im dogmatischen Sinne »Gottes Sohn« war; ihm *glaubte* ich Gott! Das war für mich entscheidend! Nur er hatte Worte gesagt wie: Glücklich die Weinenden, und: Sorgt euch nicht ängstlich, und: Kommt alle zu mir, die ihr mühselig und beladen seid! Einen solchen Ort der Güte, des Verstehens, ja, des

Heilwerdens bildete er für mich, und wenn er zur Begründung seiner Menschlichkeit immer wieder über sich hinauswies auf seinen »himmlischen Vater«, so war es ganz einfach richtig, mit ihm an den Gott zu glauben, von dem her er selbst auf die Menschen zugegangen war. Bis heute habe ich nicht aufgehört, an die Güte zu glauben, und sie trägt für mich seinen Namen. Viele Menschen haben mich gelehrt, was Menschlichkeit und Güte ist und bedeutet. Doch niemand hat je gesprochen wie er von einem Jahr der Gnade, das niemals mehr endet, und von einem Königreich Gottes, das wir selbst in uns tragen. All seine Worte, all die Beschreibungen dieses Mannes mochten in einem hochmythischen Gewand überliefert worden sein – doch was war er denn anderes als die Erfüllung aller Träume. Seinetwegen war ich bereit, wie an Gott, so an die Wahrheit von Mythen und Märchen, von Sagen und Legenden, von Träumen und Visionen wieder zu glauben, nur durfte man deren Wahrheit nicht auf der Ebene historischer Informationen suchen, wie die Kirche es vorschrieb. Ob Jesus seine Wunder an den Kranken *damals* gewirkt hatte, wurde mir zunehmend gleichgültig; daß er sie *an mir* wirken müßte, um mich zum Leben zu bringen, *das* war meine (letzte!) verbliebene Hoffnung; er würde sie aber nur wirken in der Kraft des Vertrauens, das er in mir erzeugte – so wie damals, als er den Menschen begegnete und ihnen sagte: »Dein Glaube hat dich gerettet.« Die Bibel war nicht »glaubwürdig« als ein historisches Zeugnis, sie wurde allererst glaubhaft durch die gegenwärtige Erfahrung. Aus dem Leben heute, innerlich, eröffnete sich der Zugang zu der historischen Gestalt Jesu; der Weg der Kirche: von den »Wundern« als äußeren »Machtbeweisen« Jesu zu schließen auf die »göttliche Natur« des

Christus und diese dann in einer komplizierten theologischen Begriffssprache auf »Dogmen« zu ziehen, die sich als »Heilswahrheiten« durch das »Lehramt« von Päpsten und Bischöfen den »Gläubigen vorlegen« ließen, war nicht nur bei einiger historischer Ehrlichkeit unmöglich, es war in seiner Äußerlichkeit und Oberflächlichkeit vor allem recht eigentlich ein Prinzip des Unglaubens und der Entfremdung. Statt die Wahrheit der Bibel im eigenen Leben zu suchen, hatte man sie nach päpstlichem Dogma außerhalb seiner: in der Vergangenheit und im kirchlichen Lehramt zu suchen; statt sie in der eigenen Existenz zu bewahrheiten, hatte man sie in formalisierten Lehrformeln festzuhalten; das lebendige Verhältnis zu Gott, wie Jesus es verkörperte und ermöglichte, verwandelte sich unter der Hand in eine Frage der statistischen Zugehörigkeit zu einer bürokratisch verwalteten und geistig homogenisierten Gruppe. Gerade so konnte und durfte es nicht bleiben. Nicht die Kirche, sondern die Menschen, nicht Institutionen – Personen, nicht die Lehre – das Leben, nicht die Vergangenheit – die Gegenwart, nicht Glaubenswahrheiten – die Bewahrung und Bewährung des Vertrauens waren das Entscheidende.

Ich kann nicht sagen, daß ich die Zusammenhänge damals schon so klar hätte sehen können, wie ich sie hier skizziere, und doch traten sie im Verlauf der Zeit in immer größerer Klarheit an mich heran. Nach erheblichem Drängen gelang es mir, den protestantischen Pfarrer an unserer Schule dahin zu bestimmen, mich in das Hebräische einzuführen. Niemals habe ich eine Sprache mit größerer Begeisterung gelernt. Das also waren die Worte, in denen Jesus gesprochen hatte! Dies waren die Texte, die er vielleicht als Kind schon hatte auswendig lernen müssen! Dies waren die Gebete, die er noch in der Todesstunde auf seinen Lippen getragen hatte! Mochte es auch eine recht kindliche Suche nach »Unmittelbarkeit« sein, ein Rückfall sozusagen in ein falsches Historisieren – das Hebräische lernte ich wie die Sprache Gottes selbst.

Als überaus folgenreich erwies sich der Umstand, daß ich für meine »Studien« nachmittags freien Zugang zur Lehrerbücherei unserer Schule erhielt. Dort endlich fand ich die Bücher, die meine Fragen beantworteten, und ich wunderte mich noch mehr über meinen Religionslehrer. Natürlich waren die fünf Bücher Mosis nicht von Moses verfaßt worden, wie er im Namen der Kirche glaubte lehren zu müssen; sie waren ein Kompilat aus mindestens drei verschiedenen literarischen Quellen. Natürlich waren die »Prophezeiungen« der Propheten in aller Regel erst nach Eintritt der geweissagten Ereignisse formuliert worden. Natürlich waren biblische Bücher wie Ruth, Jona und Esther reine Sagen beziehungsweise Legenden. Viele Dinge, die ich fünf Jahre später im theologischen Studium als Selbstverständlichkeiten des Einführungskurses lernte, waren in den fünfziger Jahren noch Glaubensfragen der katholischen Kirche.

Selbstverständlich waren auch die Evangelien des Neuen Testamentes alles andere als »Augenzeugenberichte«. Ich lernte – erneut gegen die kirchliche Auffassung –, daß Matthäus und Lukas das Markus-Evangelium als schriftliche Quelle benutzt hatten, selber also gewiß nicht historisch glaubwürdiger sein konnten als dieses. Die gesamte historische Erforschung der Bibel lief auf eine großartige Entkrampfung, ja, Widerlegung des kirchlichen Dogmas hinaus. Was aber blieb dann für den Glauben? Wie ließ sich mit diesem Wust intelligenter Hypothesen und brillanter Erkenntnisse leben?

Die große geistige Strömung der Nachkriegszeit war der Existentialismus, und in gewissem Sinne ist er bis heute die einzige Philosophie geblieben, die ich wirklich verstehe. Als »Vater« des Existentialismus wurde stets Sören Kierkegaard genannt. Seine Werke aufzutreiben, wurde irgendwann zur Pflicht. *Der Begriff Angst, Die Krankheit zum Tode, Furcht und Zittern* – hier fand ich alles, was ich suchte. »Glaube ist eine durch Verzweiflung vermittelte Unmittelbarkeit.« – »Angst ist Geist.« – »Verzweiflung ist, nicht man selbst sein wollen.« Ich las und las. Zweitausend Jahre Kirchengeschichte, schrieb der große dänische Religionsphilosoph, beweisen nichts für die Wahrheit einer Religion; ganz im Gegenteil, die Christenheit selbst und insbesondere die Kirchenbeamten sind ein einziger Schwindel gegenüber der Botschaft Jesu. Nicht die Tradition – die Existenz ist der Ort der Wahrheit! Das sprach mir aus der Seele. »Die Verkündigung der Kirche ist so langweilig, weil sie die Kategorie der Angst nicht kennt!« Ich liebte diesen einsamen Mann in Kopenhagen, wie wenn er mein Freund wäre. Es spielte keine Rolle, daß er vor hundertfünfzig Jahren gelebt hatte. Ich brauchte nur eines seiner Bücher aufzuschlagen, und er setzte sich zu mir und erklärte mir geduldig und leise, aber mit eindringlicher Stimme und mit unerbittlichem Ernst all die Fragen nach Gott, nach Schuld, nach Erlösung...

Und nicht zuletzt Dostojewski! Es gab und gibt keinen Dichter, durch den ich mich tiefer verstanden gefühlt hätte und fühlen könnte. Alles in seinem Werk ist innerlich, alles kondensiert und konzentriert sich hier zu einem nicht endenden Gespräch zwischen Glauben und Verzweiflung,

Verstehen und Zerstörung, Erkenntnis und Untergang. Dostojewskis Menschen waren ein einziger Ruf nach Erbarmen und Rettung, Gottsucher am Abgrund, die es wagten, ihre verborgensten und unheimlichsten Gedanken und Gefühle zu äußern, da nur in ihnen Gott gegenwärtig war. Was »Theologie« sein könnte, sein *müßte* – Dostojewski und Kierkegaard zeigten es mir. Die Kirche nicht.

Ganz im Gegenteil. Dieselben Gedanken, zu denen ich in Schülertagen in Deutsch Ermunterung und Ermutigung erfuhr, erfuhren eine Abfuhr im Fach Religion. Er habe noch niemals für so viele Häresien »Sehr gut« gegeben, kommentierte mein Religionslehrer resignierend schließlich die Benotung meiner »Leistungen«, aber er tat alles, durch ein »Gutachten«, das einem Mißachten gleichkam, die erzbischöfliche Stelle der Diözese Paderborn schon im voraus von meinen Neigungen, Theologie zu studieren, zu warnen. Probeweise, befand man dort, als es soweit war, sollte ich erst einmal in Münster anfangen – dann werde man weiter sehen. Doch inschallah! Als ich nach vier Semestern nach Paderborn gehen durfte, wurde mir klar, daß ich dort niemals zurechtgekommen wäre. Moraltheologie, Dogmatik, Fundamentaltheologie – alle theologischen Hauptfächer wurden im Schatten des Teutoburger Waldes in einer Art doziert, daß vor meinen Augen langsam ein Gesamtbild erstand! Wenn zum Beispiel in Moraltheologie immer wieder die Rede ging von dem »Schutz des ungeborenen Lebens«, gleichzeitig aber jede Empfängnisverhütung verboten wurde, lief da nicht beides auf eine sonderbare Form von Triebunterdrückung und Frauenfeindlichkeit hinaus? So viel war klar: Es gab ethnologische Studien, die belegten, daß eine liberale Sexualmoral *und* eine liberale Stellung zum Abtreibungsproblem eine Einheit bildeten; eine solche Haltung aber war nicht in paternistischen, sondern nur in maternistischen Gesellschaften zu erwarten. Wenn des weiteren die Hauptbegründungen in der »Dogmatik« darin lagen, daß irgendwann irgendein Papst mit Berufung auf irgendeinen Kirchenvater oder im Verein mit einem von ihm selbst einberufenen Konzil irgendeinen Lehrsatz zum »verbindlichen« Glaubensinhalt »erhoben« hatte, stellte sich da der ganze kirchliche Lehrapparat nicht wie von selbst als eine Form von Vaterherrschaft dar?

Zusätzlich noch zu meiner ohnehin belasteten Kirchengläubigkeit in den Fragen des »gerechten« Krieges erwies sich jetzt die Thematik der Todesstrafe als ein Hauptproblem für mich – sie diente als das unverhohlene Steckenpferd des örtlichen Moraltheologen, hatte dieser Mann doch seinen ganzen Ehrgeiz darin gesetzt, die jahrhundertealte Billigung, ja, Anordnung der Todesstrafe durch die katholische Kirche mit einem neuen, besonders originellen »Argument« auszustatten – der sogenannten »Rechtsverwirkungstheorie«. Sie ging etwa so: Im Falle, daß jemand die Rechtsgemeinschaft des Staates in ihrer Lebensgrundlage verletzt hat, so hat ein solcher durch seinen Rechtsbruch sein Leben an sich verwirkt; er muß deshalb wohl nicht, wie Immanuel Kant verlangte, zur Wiederherstellung der Gerechtigkeit unverzüglich hingerichtet werden, aber dem Staat steht es fortan frei, ihn zu töten oder am Leben zu lassen, ganz wie die Umstände es am günstigsten erscheinen lassen; der Straftäter selbst jedenfalls hat nach begangener Tat kein Recht mehr auf Leben. Mit dieser »Rechtsverwirkungstheorie« sollte die Todesstrafe nicht nur gerechtfertigt, sondern als »Option« auch für die Bundesrepublik »offengehalten« werden. Dabei schien dieser Gelehrte Gottes nicht einmal zu merken, daß seine ganze pompös vorgetragene Theorie nichts anderes zum Ergebnis hatte, als den Rechtszustand einer archaischen Stammeskultur wieder herbeizureden: Ein Mensch, der sich vergangen hat, ist »vogelfrei«! Hätte nicht zumindest ein Theologiedozent schon aus der Geschichte von Kain und Abel lernen können, daß der Gott der Bibel vom Ursprung her nicht gewillt ist, eine solche Willkür im Umgang mit Menschen hinzunehmen? Und wenn es gar in der Bergpredigt heißt: »Richtet nicht, damit Gott euch nicht richtet«, wie konnte es dann für »christlich« durchgehen, sogar die Todesstrafe gutzuheißen?

Heute, fast dreißig Jahre danach, zeigt der »neue« römische Katechismus, daß jene Paderborner Zeiten, weit entfernt, ein nur lokales Intermezzo zu bleiben, das Denken der »Gesamtkirche«, repräsentiert in der römischen Zentrale, irgendwie schicksalhaft eingeholt haben. Als hätte es die weltweiten Bemühungen von Amnesty International nie gegeben, erklärt da das unfehlbare, das »authentische« Lehramt der Kirche die Todesstrafe für »legitim«. Derzeit »warten« in den Todeszellen allein der westlichen Führungsmacht USA zweitausendsechshundert Frauen und Männer auf ihre Hinrichtung durch Giftgas, Strang oder elektrischen Stuhl – es war, wie jener Paderborner Moralgelehrte schon seinerzeit ganz richtig hervorhob, noch niemals ein Problem, Menschen aufzutreiben, die im Dienst für das Volk und die Gerechtigkeit Gottes bereit wären, die ehrenvolle Aufgabe eines Henkers zu übernehmen. Was für ein merkwürdiger Sadismus ist das? fragte und frage ich mich: Jede sexuelle Handlung außerhalb der Ehe gilt da nach katholischer Lehre für »an sich schwer sündhaft«; jede Form künstlicher Empfängnisverhütung ist strikt verboten; das »Kind im Mutterleib« kann gar nicht sorgsam genug – gegen den Willen oder besser: gegen die oft furchtbare Notlage zahlloser Frauen – »geschützt« werden. Doch gleichzeitig wird der Atomkrieg gerechtfertigt und die Todesstrafe legitimiert, mag in der Bibel, die sonst so gern zitiert wird, auch stehen, was will? Und vor allem: Mit welcher Art von Denken hat man es hier zu tun, das imstande ist, einen einzelnen Menschen vollständig von dem Zusammenhang mit anderen Menschen zu isolieren?

Es war das erste Mal, daß mir die gesamte Struktur der katholischen Moraltheologie verdächtig wurde: Da wird ein fertiges Bewertungsschema von Gut und Böse an eine einzelne *Tat* angelegt und dann der *Täter* dementsprechend be- oder verurteilt; der »Täter« selbst aber kommt in der Betrachtung überhaupt nicht vor; seine Person, seine Motivation, seine Situation – von alldem braucht man überhaupt nichts zu wissen, um in der Beurteilung seiner Handlung unzweideutig klarzusehen. Wie ein einzelner Mensch aufgewachsen ist, was für eine Kindheit er gehabt hat, wie die Menschen mit ihm umgegangen sind, auf die er durch sein Tun geantwortet hat, all das spielt in dieser Optik höchstens erleichternd oder erschwerend eine Rolle, ähnlich der Frage, ob der Betreffende beim »Tatgeschehen« unter Drogen oder Alkohol gestanden hat. Die Frage, ob er die Normen der Kirche zum Zeitpunkt seiner Tat »gekannt« hat, ist da weit wichtiger als alle Fragen des Antriebsgeschehens.

»Diese Moraltheologie«, schrieb ich damals in einer neuen »Denkschrift« für meinen Dozenten, »*muß* zu der Möglichkeit einer ›Rechtsverwirkung‹ gelangen, weil hier die Tat künstlich vom Täter getrennt wird, mit der Folge, daß auch die lebenden Menschen voneinander getrennt werden; nur weil das einzelne Tun vollkommen abstrakt aus allem Zusammenhang isoliert wird und zu einer Art ›Ding an sich‹ gerinnt, kann eine ebenso abstrakte Versammlung von Menschen sich zu Richtern über einen anderen Menschen aufspielen – *natürlich*, denn es gibt hier keine Mitschuld, keinerlei inneren Zusammenhang zwischen der strafenden Gesellschaft und dem straffällig gewordenen Individuum. Eine Betrachtungsweise, die jegliche lebendige Verbindung unter den Menschen als etwas Nebensächliches unterbricht, ist strukturell selber der Tod, und man darf sich daher nicht wundern, daß ihr Ergebnis eben das Töten ist. *Leben* – das ist *wesentlich* Austausch und Einheit mit der Umgebung. Nur eine Ethik, die das konkrete Handlungsgeflecht als Ganzes vor Augen hat und ihre eigenen Normen von der lebendigen Wirklichkeit selbst her zu entwickeln sucht, kann den elementaren Anforderungen einer Moralphilosophie, geschweige denn einer Moraltheologie, Genüge leisten.«

Selbstredend drang ich mit solchen Anschauungen nicht durch; der Dozent, immerhin, war froh, daß seine Thesen unter den Studenten durch mein Verdienst eine rege Diskussion auslösten. Doch im ganzen entschied, wie stets, so auch hier, echt kirchenspezifisch nicht das Denken, sondern das Gehorchen: Das katholische Lehramt verlangte es, die Päpste hatten gesagt, schon Augustinus und Thomas ... Es war widerlich.

Dabei war ich noch weit davon entfernt, den eigentlichen Punkt der Auseinandersetzung wirklich zu begreifen: Dieser Typ von Moraltheologie klammerte zugunsten der »Objektivität« seiner Normen das »Subjekt« selber vollkommen aus; Psychologie, Soziologie, Existenzphilosophie – alle anthropologisch relevanten Methoden durften hier durchaus keine Rolle spielen. Doch auf das Wichtigste kam ich erst fünf Jahre später, wenige Wochen nach der Priesterweihe: die Tiefenpsychologie!

Es gibt wohl nur wenige Faktoren, die für die katholische Theologie bis heute so kennzeichnend sind wie die komplette Ignoranz und das »kompetent« sich gebende Ignorieren der sechs Siebtel der menschlichen Psyche, die dem Unbewußten zugehören. In der gesamten Theologenausbildung spielten Freud oder Jung allenfalls im Rahmen der »Lebensphilosophie«, im Rahmen also der pflichtgemäßen »Widerlegung« aller Formen von »Irrationalismus«, »Pansexualismus« und »Biologismus« eine Rolle; ganz am Ende des Studiums, in der sogenannten »Pastoralpsychologie« erfuhr man gerade noch, daß es »Neurotiker« und »Psychotiker« gab, an denen aber eine ordentliche »Seelsorge« nur in dem Ratschlag bestehen könne, möglichst bald einen »Facharzt« aufzusuchen. Unter diesen Voraussetzungen verließ ich das Priesterseminar im Jahre 1966 in dem zuversichtlichen Wahn, mit Kafka und Kant, Hegel und Heidegger, Camus und Sartre, Stefan Zweig und André Gide auf die »Begegnung mit den Menschen« im Grunde »optimal« vorbereitet zu sein. Um es kurz zu sagen: Ich fiel sehr bald aus allen Wolken! Denn so ziemlich nichts von dem, was ich gelernt hatte, paßte zu der Not der Leute.

Wie das *Glück* es wollte, war meine erste Stelle als »Vikar« ein Kurort – bis Anfang der sechziger Jahre noch eine Kleinstadt mit ganz und gar ländlichem Charakter im Schatten von Eggegebirge und Teutoburger Wald, jetzt, aufgrund einer mineralhaltigen Quelle, als Heilbad erschlossen und schon aufgrund der (damals) absoluten Leere an kulturellen Angeboten ein Ort, zu »Erholung« und »Ruhe« geeignet wie nicht viele sonst. Für so manchen Kurgast genügte die bloße Anwesenheit hier selbst, um in einer ganz eigentümlichen Weise mit sich selbst konfrontiert zu werden: verwirrende Liebschaften mit »Kurschatten« und »Kurbegleitern« waren da noch das harmloseste; Ängste und psychosomatische Beschwerden, meist schon der Grund der Kurverschreibung, nahmen wider alles Erwarten nicht ab, sondern zu; schlaflose Nächte mit Alpträumen und einer Fülle quälender Fragen – diese Leute kamen gerne zu mir, wohl weil sie sich durch meine (im Rückblick: verheerenden!) Predigten irgendwie angesprochen fühlten. Andere kamen aus dem Nachtasyl und baten um Hilfe. Aus einem Internat für »Spätberufene« wandten sich künftige Priesteramtskandidaten mit homosexuellen Problemen an mich. Unbescholtene und angesehene Bürger des Ortes offenbarten mir das jahrzehntelange Desaster ihrer Ehe; Jugendliche waren hilflos den Hilflosigkeiten ihrer Eltern ausgesetzt – mit anderen Worten: Es geschah rings um mich her nichts, was nicht allerorten geschieht, aber für mich bedeutete es den Einsturz einer ganzen Welt. Ich stand vor einer unüberbrückbaren Alternative: Entweder ich betrachtete die Menschen mit ihren Fragen und Problemen als die willkommenen Anwendungsfälle der mir vorgegebenen, ja, der mir *auf*gegebenen kirchlichen »Lehren«, oder ich lernte von den Leuten die Welt noch einmal mit ganz anderen Augen zu sehen.

»Eheliche Untreue« zum Beispiel – für die katholische Moraltheologie kein Problem; sie ist »schwere Sünde«. Wie aber, wenn Menschen Dinge tun, die sie selber nicht verstehen? Stefan Zweigs Novelle *24 Stunden im Leben einer Frau* fiel mir ein: Wie kann man von »Willensfreiheit« sprechen, wenn Menschen glaubhaft versichern, daß sie im entscheidenden Moment nicht wissen, was in ihnen vor sich geht? Die Menschen, mit denen ich es zu tun bekam, waren dabei ersichtlich nicht etwa »krank« oder »psychopathisch«; es waren ganz normale Menschen, die seit vielen Jahren an ihrem Ort pünktlich und korrekt erfüllt hatten, was sie als ihre »Pflicht« verstanden. Es mußte etwas an der Art ihrer »Pflichterfüllung« selbst sein, das zu der Rätselhaftigkeit ganzer Teile ihrer Psyche geführt hatte, – das begriff ich sehr wohl. In der Wahl jedenfalls, diese Leute zu verurteilen oder zu verstehen, wollte ich sie verstehen. Aber ich war nicht gerade darauf vorbereitet, Menschen in gewissem Sinne besser zu verstehen, als sie im Moment sich selbst verstanden, und sie geradewegs zu *verteidigen* gegen die Schuldgefühle und Vorwürfe, mit denen sie sich oft sehr heftig traktierten.

Oder die Frage der »Homosexualität« – für die Kirche ebenfalls eine klare Sache: schwere Sünde! Doch wieder fiel mir eine Novelle von Zweig ein: *Verwirrung der Gefühle.* Wieviel an Chance und Gefährdung, an Höhe und Tiefe lag in einem menschlichen Charakter verborgen, und wie unmöglich erschien es, hier zwischen »Gut« und »Böse« trennen zu wollen! Es gab überhaupt keinen anderen Weg, als noch einmal von vorn anzufangen und sich auf die Psychoanalyse einzulassen. Sie wurde für mich zu einem geistigen Abenteuer ersten Ranges und bildet bis heute den Hintergrund meiner Auseinandersetzung mit der katholischen Kirche.

Es lag nicht daran, daß damals (wie heute!) allein schon

die Tatsache, Psychoanalyse studieren zu wollen, bischöflicherseits keine Billigung finden konnte. »Die Ermordung des Urvaters – so ein Mumpitz«, sprach mein Kardinal, als ich ihm vorsichtige Andeutungen über mein neues Studiengebiet machte, und schlug sich vor Vergnügen auf die Schenkel. Mit derartigen innerkirchlichen Kalauern hatte ich schon seit langem zu leben gelernt. Weit schwieriger war es, von dem Zentrum der katholischen Lehre: von der *Opfertheologie*, Abschied zu nehmen. Die Menschen wollten sich nicht nach dem Vorbild Christi »opfern«, um durch möglichst viel Askese, Triebverzicht und Selbstunterdrükkung für ihre »Sünden Buße« zu tun oder zu »Heiligen« in kirchlichem Sinne zu werden; sie wollten ganz einfach glücklich werden, und wer ihnen »helfen« wollte, der mußte ihnen genau dazu verhelfen; das aber setzte voraus, daß man auch im Umgang mit sich selbst aufhörte, sich den Menschen in »christlicher Kreuzesnachfolge opfern« zu wollen. Mein ganzes bisheriges Gottes- und Menschenbild geriet an dieser zentralen Stelle ins Wanken; meine Motivation, jemals Theologie studiert zu haben und Priester geworden zu sein, erwies sich als fragwürdig; die Kluft zwischen Kirchenglauben und Menschlichkeit wurde so groß, daß ich nach fünf Semestern das Studium abbrach und in einer mehrjährigen Dissertations- und Habilitationsschrift versuchte, als erstes die Hauptbegriffe der Theologie im Raum der sogenannten »Sünden-« und »Erlösungslehre« für mich neu zu interpretieren, bis daß es zwischen der kirchlichen Lehre vom »Heil« und den therapeutischen Verfahren der Heilung keinen Gegensatz mehr gab. Ich wollte Priester *bleiben* und mein Priestertum mit Hilfe der Psychoanalyse *vertiefen*; heute, rund ein Vierteljahrhundert danach, erscheint es mir geradezu grotesk, daß die Kirche mir die Ausübung meines Priesteramtes im Grunde verboten hat eben dieses Versuches wegen!

Allerdings schälte sich der Grund immer klarer heraus, warum die katholische Kirche eine Vertiefung ihrer Lehren mit Hilfe der Psychoanalyse nicht zulassen *kann*: Es geht nicht um göttliche Wahrheit, es geht ganz einfach um menschlichen Machterhalt.

Zu einer ehernen Regel psychoanalytischer Behandlung zählt z. B. der völlige Verzicht auf moralische Zensuren und Bewertungen. Keine vernünftige psychologische Beratung kann dem anderen vorschreiben wollen, was er zu tun hat; kein Berater vermag im voraus zu wissen, was in einer bestimmten Situation »richtig« ist – ob der *relativ* (!) beste Weg tatsächlich in einer Abtreibung, in der Auflösung einer Ehe, in der Aufkündigung einer bestimmten beruflichen Bindung oder ganz umgekehrt in der Bestätigung des traditionellen Standpunktes besteht. Die psychotherapeutische Einstellung, schon weil sie nicht-direktiv ist, schon weil sie Möglichkeiten der Entscheidung offen halten muß, die von der kirchlichen Moraltheologie kategorisch verschlossen werden, widerspricht notwendig einer Form der »Seelsorge«, die im Idealfall die gehorsame Angleichung des Menschenwillens an den Gotteswillen, wie die Kirche ihn versteht, sich zum Ziele setzen soll. Eine *offene* Seelsorge – das würde den konsequenten Verzicht auf die Macht und den Unfehlbarkeitsanspruch des kirchlichen Lehramtes bedeuten, das wäre durch sich selbst so etwas wie eine Rückkehr zu dem Gebot geistiger Armut in der Bergpredigt. Kein Therapeut, der sich auf den Standpunkt stellt, er wisse im Leben seiner Patientin, seines Patienten, mehr oder minder schon im vorhinein Bescheid, vermag dem anderen wirklich nahezukommen; ob er es will oder nicht, mit dem Dünkel seines »Ich weiß schon« entmündigt er den anderen und versperrt ihm den Weg zu dem Selbstbewußtsein seiner Person und der Autonomie seines Gewissens. Nur wenn er aus Respekt vor der Souveränität und Freiheit des anderen sich mit seiner Patientin beziehungsweise mit seinem Patienten auf einen gemeinsamen Weg des Suchens und des Findens begibt, wird er der Wahrheit und der Menschlichkeit dienen können. Nicht der verwegene Anspruch auf ein göttliches Wissen, wohl aber die Bereitschaft, miteinander in Versuch und Irrtum auf den Grund eines gemeinsamen Vertrauens zuzugehen, könnte der Kirche eine gewisse Glaubwürdigkeit zurückgeben. Doch die Voraussetzung dazu bestünde in einem rigorosen Umdenken: Bei den Menschen, nicht bei den kirchlichen Behörden, läge dann die »Kompetenz« des rechten Verständnisses Gottes. Genau das aber entspräche einzig der Vision des Jeremia im Alten Testament und des Mannes aus Nazareth im Neuen Testament: Niemals mehr solle einer den anderen im Namen Gottes belehren, sondern unmittelbar spreche Gott in das Herz eines jeden. Doch wieviel in der heutigen Kirche und in der Art, wie Kirche durch die Jahrtausende war, trennt uns davon?

Freilich, es steht nicht im Belieben der Kirche, zu machen, was sie will. Solange sie sich vor den Augen der Leute auf die Botschaft Jesu bezieht, kommt sie nicht daran vorbei, selber sich an dieser Botschaft messen zu lassen. Ein Hauptkriterium religiöser Wahrheit bestand für Jesus darin, daß sie den Menschen *gut tut*, daß sie ihnen hilft zu leben und sie in gewissem Sinne heilt. Genau darin schien mir der eigentliche Skandal der kirchlichen Theologie zu liegen: In ihrer jetzigen Form nutzt sie niemandem außer dem Erhalt der Kirchenmacht und der Postensicherung der Dozenten selbst; niemandem von den Menschen wird diese Theologie zu einem Ereignis und Erlebnis, das über Krankheit oder Gesundheit, Verzweiflung oder Hoffnung, Untergang oder Rettung entscheidet. Wenn in der Sprache dieser Theologie von »Sünde« und »Erlösung« die Rede geht, so meint man damit laut päpstlicher Lehre bis in die Gegenwart hinein den *Ungehorsam*, mit dem sich »Adam historisch« über das Gebot Gottes hinwegsetzte und von der verbotenen Frucht im Paradiese aß, beziehungsweise den stellvertretenden *Gehorsam*, mit dem Jesus sich nach dem Willen des »Vaters« in den Tod »gab«. In der einen Auskunft wird ein urzeitlicher Mythos auf falsche Weise historisiert, statt vernünftig interpretiert, und in der anderen Auskunft wird der tödliche Widerspruch Jesu gegen die Machthaber seiner Zeit in eine Unterwerfungsgeste umgedeutet, die es der Kirche erlaubt, selber von den Menschen Glaubens-»Gehorsam« einzufordern. Geblieben ist von alldem überdies nur eine schwache moralisierende Reminiszenz von »Gebotsübertretung« und »Stolz« – nichts von dem Gefühl, aus einem Paradies *vertrieben* zu sein, nichts von dem Empfinden, heimatlos und verloren zu sein, nichts von der Last eines gottverfluchten Daseins, wie die Bibel es in seiner Unentrinnbarkeit und Unausweichlichkeit so ergreifend schildert, kommt innerhalb der kirchlichen Sprachregelung wirklich zur Sache. Schon um der Menschen willen, die mit ihrem Leben nicht zurecht kamen, nahm ich mir vor, eine *Synthese* aus Bibelexegese, Psychoanalyse und Dogmatik zu erarbeiten, die es erlaubte, den Begriff der »Sünde« zum Verständnis der Not und der Ausweglosigkeit der Menschen zu verwenden, statt darin weiter nur einen Hebel zu Schuldvorwürfen und Kirchenzucht zu erblicken.

Zwischen 1972 und 1975 erarbeitete ich in meinem ersten Buch *Strukturen des Bösen* daher eine Neuinterpretation der christlichen »Erbsündenlehre«, indem ich auf dem Boden der biblischen Urgeschichte die Begriffe »Sünde«, »Neurose« und »Entfremdung« in Exegese, Psychoanalyse und Existenzphilosophie miteinander in Beziehung setzte. Mein Ziel war eine »trojanische Troika« zur Eroberung der dogmatischen Bastion der katholischen Kirche. Wenn erst einmal am Menschen nichts mehr zu verurteilen, nur noch zu verstehen war, so würde die Macht der Kirche sich von selbst aushöhlen und der Forderung einer reinen Güte weichen. So glaubte ich. Doch dahin wird es, dahin kann es nicht kommen, wie ich inzwischen weiß.

Im Neuen Testament liest man mit Erschütterung, wie Jesus sich besonders der seelisch und körperlich Kranken annimmt – die ganze Bergpredigt, nach Matthäus, ist gewidmet »all denen, die übel dran waren«. In der heutigen Theologie scheint es in weiten Kreisen rundheraus verboten, den Glauben Jesu »therapeutisch« und »psychologisch«, als »Lebenshilfe« und »Trost« zu interpretieren. Der uralte Haß auf jede Form persönlichen Glücks führt hier zu einer fanatischen Ideologie, wonach das Christentum nicht »Glück«, sondern »Glückseligkeit« oder »Heil« zu bringen hat, und um solch hehre Ziele zu erringen, bedarf es, erneut, des Opfers und des Selbstverzichts. Innerhalb dieses Vorstellungsradius erscheint das Christentum als »Forderung«, als »Engagement«, als »Hingabe«; doch schildert man einmal, wieviel an »Engagement« und »Hingabe« nötig ist, um auch nur einem einzigen Menschen im Verlauf von Jahren ein wenig von dem zu ermöglichen, was die kirchliche Verkündigung volltönend im Munde führt: Wiedergeburt, Kindwerdung, Vergebung, neues Leben und so weiter, dann beginnt sofort das Mißtrauen, man wolle die Botschaft Jesu ja nur auf eine Form der »Selbsterlösung« und der »Esoterik reduzieren«. Jesus sei überhaupt kein »Therapeut« gewesen, sondern eben der »Sohn Gottes«. Und Punkt! Da bedeutet das »Christsein« so viel, wie Jesus für einen großen Mann zu halten, der geradewegs vom Himmel kam, so daß er ohne größere Schwierigkeiten all die »Wunder« wirken konnte, die er nach neutestamentlichem »Zeugnis« denn ja auch gewirkt hat; wir Heutigen aber, die wir nur gewöhnliche Menschen sind, dürfen uns nicht vermessen, etwas Ähnliches tun zu wollen, wir können nur hoffen und beten, daß Gott selber in unserem Leben wirksam wird. Aus dem erklärten Auftrag Jesu an seine Jünger: »Geht in die Dörfer Galiläas und heilt ihre Kranken« (Mk 6), wird da ein frommes Alibi-Bekenntnis der Untätigkeit.

Innerkirchlich sind wir heute soweit, daß von all dem Bemühen Jesu zur Heilung des Menschen in der katholischen Kirche gerade noch das priesterlich verwaltete »Sakrament« der »Letzten Ölung« übriggeblieben ist – im Leben der meisten Menschen eine rituelle Merkwürdigkeit, nichts weiter. Ansonsten gehören seelische und körperliche Erkrankungen in die Zuständigkeit von Psychiatern und Medizinern. Die Kirche hat damit nichts zu tun. Von all dem seelischen Leid geht keine Rückfrage mehr an sie selbst aus. Die stablinienförmige Einbahnigkeit ihrer »Verkündigung« setzt sich fort in der Abschiebung der »Kranken« in das Exil der bürgerlichen Gesellschaft, für deren Durchschnittsbefriedigung allein die Kirche bis heute, wenngleich mit schwindendem Anteil, gerade steht.

Das heißt wieder nicht nur. In den sogenannten »charismatischen« Gemeinden nimmt man die biblische Dimension der »Heilung« in gewissem Sinne wohl ernst, doch auf charakteristische Weise so, daß es der Kirche keine Schwierigkeiten schaffen kann: Man betet, wie Jesus im Neuen Testament, man legt die Hände auf, wie Jesus im Neuen Testament, man spricht beschwörende Formeln, wie Jesus im Neuen Testament, und man ruft den Heiligen Geist herab, auf daß er in der Kraft seiner heilenden Macht die Kinder des Glaubens von ihren Gebrechen befreie. Ähnlich werden im Vatikan offiziell Exorzisten beschäftigt, so als sei die biblische Sprache von »Geistern« und »Dämonen« nicht einer psychoanalytischen Entmythologisierung ebenso bedürftig wie einer existentiellen Durcharbeitung. Der Reflexionsstandpunkt der kirchlichen Theologie, schon weil er das Unbewußte der menschlichen Psyche komplett ignoriert, gelangt unvermeidlich dahin, die biblische Sprache entweder ins Unverbindliche aufzulösen oder aber in falscher, letztlich abergläubischer Weise »wörtlich« zu nehmen. Alles, was da der Kirche gefällt, ist vom »Heiligen Geist«, und alles, was ihr nicht gefällt, ist vom »Teufel«; die »Wunder« Jesu hingegen glaubt man auf diesem Niveau buchstäblich durch Gesundbeten aktualisieren zu können. Man kann und will hier offenbar nicht begreifen, daß all die »Wunder« Jesu Wirkungen einer vertrauensvoll gelebten Menschlichkeit waren, wie wir sie nicht anders in unserem Leben nach dem Vorbild des Mannes aus Nazareth sollten praktisch werden lassen.

Was sich seit langem gerade an dieser Stelle in der Kirche

zeigt, ist die scharenweise Abwanderung vor allem der Denkenden aus der Gemeinde der Glaubenden. Bis in die wichtigsten Dokumente ihrer Selbstartikulation hinein lehrt die katholische Kirche am Ende des zweiten Jahrtausends, gemessen an dem Weltbild, das bereits den Schulkindern heute vermittelt wird, einen blühenden Aberglauben. Folgt man der kirchlichen Lehre, so wohnt im »Himmel« ein Gott, der in seiner Allmacht und Allwissenheit diese Welt geschaffen hat und jederzeit imstande ist, auf wunderbare Weise in den Weltenlauf einzugreifen. Man sollte denken, daß dieses Weltbild bereits vor zweihundert Jahren dem Ansturm der Aufklärung erlegen gewesen sei. Die katholische Kirche aber hat die großen philosophischen und naturwissenschaftlichen Bewegungen am Anfang des 19. Jahrhunderts innerlich bis heute nicht mitvollzogen; sie hat im Gegenteil ihre Amtsträger unter Eid (!) gezwungen, derlei Gedanken nicht zu denken und vor all den Einsichten, wie sie von Kant über Darwin bis hin zu Freud und Einstein reichen, einfach die Augen zu verschließen. Nur so erklärt es sich, daß das Lehramt der katholischen Kirche unverändert einem durch und durch mittelalterlichen Schöpfungsglauben folgt, wonach Gottes »Macht« just darin besteht, daß er machen kann, was er will, wo er will, wann er will und wie er will.

»Hat Jesus zweimal (Mk 6. Mk 8), auf dem Berg sitzend, Brote vermehrt?« fragte ich 1990 meinen eigenen Erzbischof. »Er muß das gekonnt haben«, antwortete J. J. Degenhardt am 6. Juli jenes Jahres in dem einzigen Gespräch, zu dem er sich nach massivem Druck in den Medien schließlich hatte herbei*zwingen* lassen, um hernach eine ganze Serie von Verurteilungsmaßnahmen plangerecht gegen mich ergreifen zu können. »Aber die neutestamentliche Forschung, die Formgeschichte, sieht hier nur eine christologische Legende in Anlehnung an den Elias-Elisäus-Sagenkranz.« – »Das ist Dibelius und Bultmann. Das ist nicht die Meinung aller Exegeten.« Klar, wozu auch wäre Jesus der »Sohn Gottes« gewesen, wenn er nicht hätte jedes beliebige Wunder wirken können!

Ich hatte schon 1984 in zwei Bänden über *Tiefenpsychologie und Exegese* zu zeigen versucht, wie die biblischen Erzählungen je nach ihrer Eigenart (als Legenden, Sagen, Märchen, Mythen, Wundergeschichten, Apokalypsen etc.) mit Hilfe der Psychoanalyse so verstanden werden können, daß man sie weder als äußere »Tatsachen« glauben noch als bloße Phantastereien beiseite schieben muß. Genau dazwischen: zwischen dem kirchlich geforderten Aberglauben und dem reaktiven Unglauben, lag in meinen Augen die innere Mitte des Religiösen, die es mit Hilfe der Tiefenpsychologie wiederzugewinnen galt. Die Heilungsgeschichten Jesu zum Beispiel – waren sie nicht, psychodynamisch gelesen, ganz hervorragende Bilder zur Beschreibung der vielfältigen Formen einer menschlichen *und dadurch heilenden* Begegnung? Wie nimmt man *innerlich* Menschen so bei der Hand, daß man ihnen »abseits von der Menge« die Augen öffnet wie dem Blinden im Mk 8? Wie war es möglich, einem Menschen *innerlich* die Hand so aufzulegen, daß sein »Fieber« sich beruhigt, wie bei der Schwiegermutter des Petrus? Und gewiß hatte Jesus Brote für fünftausend Verhungernde vermehrt, nicht »wörtlich« zwar, wie mein Bischof lehrte, wohl aber, indem er seine Jünger aufforderte, das *Kind* in ihrer Mitte zu sehen, das seine Brote fortgibt, ohne zu rechnen und ohne zu zählen, bis wohin es wohl langen werde. Die Wahrheit solcher legendärer Erzählungen lag nicht darin, daß vor zweitausend Jahren sich äußerlich etwas ereignet hatte, das heute als »Tatsache« geglaubt werden mußte; die Bibel stellte vielmehr Bilder vor, in denen sich ausdrückte, von welch einer Güte und Offenheit Jesus selbst war und wozu er durch seine Person uns befähigen wollte; ob Geschichten dieser Art »wahr« sind oder nicht, entscheidet sich daran, ob wir sie »wahrmachen« oder ob wir sie an einen bloßen »Bekenntnisglauben« delegieren. Alles das schien mir ganz vernünftig, und ich hielt es damals für unmöglich, wegen solcher Ansichten von der Kirche verurteilt zu werden. In diesem Punkt aber irrte ich.

Im Jahre 1986 hatte ich mir, in Konsequenz dieser Überzeugung, das Weihnachtsevangelium nach Lukas vorgenommen und die Geschichten von der Erscheinung des Engels, der »jungfräulichen« Geburt Jesu in Bethlehem, den Hirten auf dem Felde, den Weissagungen des greisen Simeon und dem zwölfjährigen Jesus im Tempel mit den Mitteln von Religionsgeschichte und Tiefenpsychologie zu interpretieren versucht. Dabei herausgekommen war ein kleines meditatives Bändchen, das den Titel trug: *Dein Name ist wie der Geschmack des Lebens.* Das waren die Worte, mit denen in der altägyptischen Geburtsmythe des Gottkönigs, des Pharao, der Gott des Geistes und des Windes, Amun, die künftige Mutter des Herrschers über das Reich am Nil begrüßt; die Pharaomutter mochte vorher und nachher so viele Kinder geboren haben, wie sie wollte, sie *wurde* zur »Jungfrau«, zur Gottesgemahlin am Tage, da ihr Sohn den Thron beider Länder von Unter- und Oberägypten bestieg. Auch und gerade der Pharao galt im antiken Ägypten als »Sohn Gottes«, und nur von daher ließen sich auch im Alten

Testament die wenigen Stellen verstehen, die sogar dem König Israels, dem Messias, in poetischer (nicht metaphysischer) Sprache göttliche Attribute zusprachen. Meine Absicht war es, an einem kirchlichen Dogma, am Beispiel der Lehre von der »immerwährenden Jungfrauenschaft Mariens«, einmal zu zeigen, daß es nicht möglich sei, die Symbole des Glaubens als »Tatsachenbehauptungen« zu lesen. Zumindest bei diesem »Dogma« werde man es nicht mehr wagen, mit Ketzerjagd und Kirchenausschluß den Fundamentalismus eines absolut gewordenen Wunderglaubens zu verteidigen, dachte ich; selbst über die Lehre von der Himmelfahrt Jesu oder von der »leiblichen« Aufnahme Mariens in den Himmel, gußeiserne Dogmen der Kirche noch in den 50er Jahren, ließ sich anscheinend inzwischen doch diskutieren. Wenn aber die Jungfräulichkeit Mariens als ein tiefenpsychologisches Bild, nicht als ein biologisches Faktum zu verstehen war, so würde sich am Einzelfall zeigen, daß die gesamte kirchliche Lehre einen schweren Fehler beging, wenn sie die schwebenden Chiffren der Religion in objektivierbare Mitteilungen über historische Tatsachen verwandelte. Erst so würde der Weg zu der christlichen Botschaft zwischen Aberglauben und Aufklärung wieder freiwerden. Ich hatte subjektiv keine Ahnung, zu welch einer absurden Idolatrie das unfehlbare Lehramt der katholischen Kirche immer noch (und schon wieder!) seine Gläubigen zu zwingen willens und imstande ist.

»Ist der Schoß der Jungfrau Maria für Sie nur ein Symbol?« Das war eine von rund dreißig Fragen, die Anfang 1987 der Erzbischof von Paderborn in einem Brief an mich richtete. »Wieso *nur* ein Symbol? Ja, Gott sei Dank, ein Symbol«, antwortete ich sinngemäß. Doch damit begann's und hörte nicht mehr auf. »Historische Fragen sind keine Glaubensfragen, sondern sie müssen mit historischen Mitteln geklärt werden; genauso wie man naturwissenschaftliche Fragen mit naturwissenschaftlichen Mitteln klären muß – Galilei, Darwin. – Langt das noch nicht?« schrieb ich sinngemäß. Es half nichts. Der Erzbischof wußte es kraft seines Lehramtes anders: Die Kirche hatte es immer schon anders gelehrt, also verhielt es sich so: Maria war *wirklich* eine Jungfrau, und zwar vor der Geburt, im Zustand der Entbindung und auch nach der Geburt. Fünfunddreißig Jahre nach den irrwitzigen Diskussionen mit meinem Religionslehrer stand ich jetzt genau wieder an demselben Punkt der Auseinandersetzung wie damals.

Andere Fragen kamen hinzu. »Hat Jesus Priester (und Bischöfe und Päpste) eingesetzt?« – »Hat er die Meßfeier der katholischen Kirche eingesetzt?« – Ist er leibhaftig aus dem Grabe auferstanden – war also das Grab Jesu am Ostermorgen ›leer‹?« Es verschlug nichts, darauf hinzuweisen, daß Jesus historisch nicht einmal die Taufe eingesetzt hatte; und wie sollte er überhaupt eine neue Religion mit neuen Institutionen haben einsetzen wollen? »Jesus verkündete das Reich Gottes«, aber er kam doch nicht, die Kirche zu gründen – jeder Anfänger in Theologie lernt das heute. Sogar wenn ich vermittelnd erläuterte, es ließen sich die Einrichtungen der Kirche, wenn nicht auf den historischen Jesus, so doch auf den Christusglauben zurückführen – alles, was religionspsychologisch im Menschen bereit lag und geeignet sei, eine bestimmte Erfahrung auszudrücken, müsse in gewisser Weise ja der »Offenbarung« Gottes zugerechnet werden, so gab sich mein Erzbischof über eine solche Begründung »unbefriedigt«. Was speziell die »Jungfräulichkeit« Mariens anging, so führte ich die mythische Überlieferung aller möglichen Völker und Kulturen ins Feld: Ägypter, Perser, Griechen, Azteken, Buddhisten, Hindus – ja, wo eigentlich gab es nicht vergleichbare Mythen über die Geburt von Gottessöhnen? Man verharrte bei dem uralten »Wahrheitskriterium« der katholischen Kirche: Rund um den Erdball können die Menschen glauben und sagen, was sie wollen, – es ist eben nur eine menschliche Erfindung, eine Lüge oder bestenfalls eine Sehnsucht, wenn sie so sagen; nur wenn wir, die katholische Kirche, es sagen, ist es Wirklichkeit und Erfüllung. Da genügte es, gewisse Inhalte der kirchlichen Lehre aus der menschlichen Psyche abzuleiten, und man bedrohte erneut den Machtanspruch, die fixe Idee der Einzigartigkeit und Unvergleichbarkeit einer solchen Kirche.

In gewissem Sinne nahm man mir im folgenden nicht eigentlich meinen tiefenpsychologischen Neuansatz übel, man vergab mir im Grunde nicht, daß ich Leute wie Dibelius und Bultmann, daß ich Kant und Spinoza, daß ich die *Aufklärung* ernst nahm.

Lessings Zweifel an der historischen Wahrheit der Auferstehungslegenden des Neuen Testamentes zum Beispiel! Sie waren zweihundert Jahre alt und werden heute von den meisten Bibelauslegern stillschweigend geteilt. Das Lehramt der katholischen Kirche jedoch kann in dem neuen »Weltkatechismus« selbst im Jahre 1993 verfügen, daß nicht nur Maria biologisch während ihrer Niederkunft eine Jungfrau blieb, sondern daß Jesus auch die Fähigkeit besaß, mit seinem Leibe das Grab physikalisch zu verlassen. Für mich entscheidet sich alles an der Frage, wieviel Hoffnung *in diesem Leben* in die Liebe und in das Leben zu setzen ist:

Welche Macht hat der Tod? Überhaupt keine; *das* bezeugte Jesus in seinem ganzen Leben; er brauchte den Tod nicht zu fürchten, weil er ihm nur als ein Durchgang galt, der hinüberführt in die Wirklichkeit Gottes.

In meinen Augen stellt es die ganze Kunst des Glaubens dar, im Moment des Sterbens ein Grab »leer« zu sehen und darauf zu vertrauen, daß der Tod nicht imstande ist, Menschen auf ewig voneinander zu trennen. Es glaubt nicht genug, es glaubt einfach *zu wenig*, wer für seinen Glauben auf abergläubische Weise äußere »Fakten« als Beglaubigung verlangt.

Doch genau da steht heute die katholische Kirche. Sie, die sich niemals geirrt haben kann, hat nicht nur seit Jahrhunderten alles ehrliche Fragen und Suchen blockiert, sie ist heute selber das Opfer ihrer eigenen »Erfolge«. Um ihr treu ergeben zu sein, darf man nicht Gott glauben, wie Jesus es tat, man hat an den verordneten Glauben der Kirche zu glauben; man darf nicht einfach als Mensch sich entfalten, man hat zu hören, was diese Kirche für Menschlichkeit hält; man darf nicht selbständig denken und urteilen, man bedarf der kirchlichen Lehren, um der Wahrheit »sicher« zu werden.

In Wirklichkeit genügt es heute für die meisten Jugendlichen, daß sie vierzehn Jahre alt werden, und sie wenden ganz einfach aufgrund ihrer stärker werdenden geistigen Kräfte einer Kirche des Zwangs und der Unfreiheit den Rükken. Sie wollen sich nicht mehr bevormunden lassen. Sie spüren ganz deutlich, daß es keine göttlichen Wahrheiten gibt außerhalb der Freiheit des Denkens und Fühlens und Lebens und Liebens. Die Kirche hingegen macht ihnen den Eindruck, weder wirklich an Gott zu glauben noch an den

Menschen, sondern einfach an ihre eigene Institution, die sie an die Stelle Gottes gesetzt hat. Es gibt für den römischen Katholizismus nur eine einzige Lösung; sie ist zweihundert Jahre alt und findet sich in Schillers *Don Carlos*. Sie lautet: »Geben Sie Gedankenfreiheit, Sire.« Solange dies nicht der Fall ist, muß man einer Kirche widersprechen, deren Papst sich als »Nachfolger« Petri bezeichnet, der aber den Satz des Petrus in der Apostelgeschichte Lügen straft, der da heißt: »Man muß Gott mehr gehorchen als den Menschen« (Apg 5,29).

Seit vierzig Jahren, von meiner Schulzeit bis heute, mehr als die Hälfte meines Lebens, habe ich darauf gewartet und gehofft, daß diese Kirche im Sinne Jesu sich vermenschlichen würde. Länger zu warten, vermag ich nicht mehr. Irgendwann gilt es, selber zu leben, *mit* der Kirche, wenn sie will, *ohne* die Kirche, wenn sie nicht will; und *gegen* die Kirche, wenn sie so weitermacht. Die Hoffnung auf eine Kirche jenseits der Grabsteine zählt nicht. »Das Himmelreich ist nahe«, meinte Jesus. Keinerlei Recht eines authentischen Lehramtes, diese Hoffnung für unmöglich zu erklären, geht daraus hervor.

3
»Ethik ist ins Grenzenlose erweitertes Mitleid«

Es mag sein, daß weder mein Pazifismus-Buch über *Krieg und Christentum* noch meine Arbeit über *Tiefenpsychologie und Exegese* so bald die »Aufmerksamkeit« der Kirchenoberen auf mich gelenkt hätten, wäre da nicht noch ein dritter Themenkomplex gewesen, den ich 1982 in dem Buch *Der tödliche Fortschritt. Von der Zerstörung der Erde und des Menschen im Erbe des Christentums* einer größeren Öffentlichkeit vorstellte. Dieses Buch allein, zusätzlich zur Kriegsproblematik, löste ein Klima unausgesetzter Bespitzelung aus. Man verbot daraufhin Lehrverbänden, Tagungen mit mir abzuhalten, man verlegte sich auf die Taktik der offiziösen Warnungen hinter hohler Hand – man steckte schon mal das Umfeld ab. Dabei war der Anlaß, wie stets, recht begrenzt; er war allerdings geeignet, das gesamte Selbstverständnis der Kirche in der Tiefe zu erschüttern.

Seit Kindertagen war mir, wie alle Gewalttätigkeit, so insbesondere die alltägliche Roheit gegenüber den schutzlosen Tieren im Grunde unfaßbar. Die Eindrücke des Krieges waren schlimm gewesen, doch hatten sie für mich eine gewissermaßen unpersönliche, abstrakte Form behalten. Das Leid hingegen, das man den Tieren zufügte, machte mir Menschen schrecklich und unheimlich, mit denen ich unmittelbar zusammenlebte – ich verstand nicht und wollte nicht verstehen, wie sie so handeln konnten.

Der Winter 1946 war ungewöhnlich kalt. Seit Tagen war das Kopfsteinpflaster unserer Straße von Glatteis bedeckt. Kohle wurde damals in Pferdekarren angeliefert, und eine Fuhre war für uns bestimmt. Das Pferd, eine klapprige, abgemagerte Mähre, versuchte nach dem Abladen wieder anzuziehen, rutschte aber dabei aus und stürzte in der Deichsel zu Boden. Der Fuhrmann, erbost und wütend, schlug mit der Peitsche auf das Tier ein, das mit riesigen, schreckgeweiteten Augen stampfend und trampelnd sich aufzurichten versuchte. Vergeblich. Wie besinnungslos prügelte der Fuhrmann fluchend und krakeelend in einem fort weiter auf es ein. Zuschauer strömten zusammen. »Das Pferd muß ausgespannt werden.« Er prügelte weiter. »Man muß das Tier erst beruhigen.« Er prügelte weiter. Schließlich, als alles nichts half, ließ er sich doch erweichen, schirrte das Pferd ab und zog es langsam hoch. Am ganzen Körper zitternd, mit hechelndem Atem, richtete das Pferd sich auf, unsicher und voller Angst auf den rutschigen Hufen. Endlich redete der Mann ihm beruhigend zu, wohl weil er begriff, daß er so am schnellsten vorankommen würde, und spannte das Pferd mit langsamen Bewegungen wieder an. »Warum war der Mann zu dem Pferd so böse?« fragte ich meine Mutter. »Er war in Eile und selber sehr aufgeregt«, gab sie zur Antwort. Das Bild aber blieb für mich rätselhaft und abgründig, wie Menschen ihren Zorn an unschuldigen, hilfsbedürftigen Tieren auslassen können.

Im allgemeinen ersparte man uns Kindern den Anblick, wie Tiere geschlachtet wurden. Gleichwohl bin ich im Rückblick erstaunt, wie viele Tabus der Wahrnehmungseinschränkung damals in mir wirksam gewesen sein müssen. Ich hörte, wie ein paar Häuser weiter ein Schwein minutenlang quiekte, und ich fragte, was das sei. »Dem geht's an den Kragen«, war halblachend die Antwort. Ich begriff, was sie meinten, doch ich brachte es nicht in Zusammenhang mit der Wurst auf dem Brot oder dem Kotelett beim Mittagstisch. Da war eine Denkhemmung am Werk, dazu bestimmt, mir den natürlichen Appetit zu bewahren.

Von dem »natürlichen Appetit« freilich bekam ich sehr bald eine eigene Vorstellung. In den unkrautbestandenen Trümmergrundstücken ringsum wimmelte es von Mäusen und Ratten, und obwohl wir uns bemühten, die Türen und die Kellerfenster so dicht geschlossen zu halten wie möglich, fanden die Tiere doch bald schon Weg und Gelegenheit, in Scharen in unsere Wohnung einzudringen. Des Abends wurden allerorten Schlagfallen aufgestellt, die des Morgens reichlich gefüllt waren; doch gegen die Plage selber war mit solchen Mitteln nicht sehr viel auszurichten. Eines Abends, meine Eltern waren auf der Suche nach Nahrungsmitteln zu einem befreundeten Bauern gefahren, trat mein Vater mit einem Sack in die Stube, legte ihn auf den Boden, öffnete ihn vorsichtig, und heraus kroch zu meinem Entzücken ein kleines Kätzchen. Ein wenig torkelig, hilflos miauend, schaute es sich mit seinen grün glänzenden Augen um, und meine Freude war übergroß, als mir erlaubt wurde, es zu streicheln. Schnurrend, sichtbar die Wärme der Wohnung genießend, rieb es sein seidenweiches Fell an meiner Hand, und ich bemerkte die feine rautenförmige Musterung auf seiner Stirn. »Wo hast du das Tier gefunden?« fragte ich meinen Vater; in meiner Vorstellung wäre dieses Tier es wert gewesen, die ganze Welt zu durchwandern, um es aufzuspüren. »Es saß mit vier anderen auf dem Boden. Dem Bauern war es zu viel.« – »Ach!« Wie konnte diese so vornehme, diese so wunderbar silbrig-schwarz schimmernde, diese so hilflos possierliche Katze einfach eine unter anderen gewesen sein! Ich nahm sie auf den Arm, und eine Nacht lang war ich ganz glücklich.

Allerdings ging die Rechnung meiner Eltern nicht auf. Nach ihrem Wunsch hätte allein schon der Anblick und vor allem der Geruch unseres vierbeinigen Neuerwerbs alle Mäuse und Ratten in unserer Wohnung das Fürchten lehren und sie das Weite suchen lassen müssen. Doch davon konnte keine Rede sein. Eine Weile lang herrschte im Gegenteil ein Zustand so vollkommener friedfertiger Koexistenz zwischen den natürlichen Erbfeinden, daß man sie als Vorbild jeglicher Staatengemeinschaft allgemein hätte empfehlen können. Dann, eines Tages, kam unsere Katze wie krank nach Hause; sie erbrach irgend etwas, und die Diagnose meiner Mutter lautete dahin, das Tier müsse eine Ratte verschlungen haben, Rattenschwänze seien giftig. Ich konnte mir kaum vorstellen, was unsere kleine liebe Katze mit den ekeligen Ratten zu schaffen gehabt haben sollte, doch ließ sich nicht leugnen, daß sie seither beim Anblick eines der struppigen Nagetiere eher klagend zum Rückzug als mutig zur Attacke blies. Sie hatte wohl zu früh mit einem von ihnen den Kampf aufgenommen, und ein weiterer »Sieg« dieser Art schien ihr in Zukunft offenbar nicht besonders wünschenswert. Statt dessen machte sie sich ungestüm an die kleineren Verwandten der Ratten, an die unabsehbare Schar der einwohnenden Haus-, Feld- und Spitzmäuse.

Eines Nachmittags hatte eine Maus sich hinter den Küchenschrank verkrochen; arglos trieb ich sie mit einem

Stock aus ihrem Versteck – geradewegs in die Pfoten unserer Katze. Was sich dann begab, war entsetzlich für mich. Mit einer Behendigkeit, wie ich es an ihr nie gesehen, sprang sie auf das Mäuslein los, biß es ins Genick, warf es halbtot in die Luft, trieb mit fast zärtlichen Schubsern, wie ermutigend, das graue Bündel vor sich her, nur um desto grimmiger, sobald die Maus, um ihr Leben rennend, ihrer Jägerin zu entkommen suchte, erneut sich auf sie zu stürzen. Die arme Maus hatte keine Chance. Es war nichts als ein entsetzliches Spiel mit einer Wehrlosen, das hier stattfand, und es war für mich schlimm zu sehen, daß ein Lebewesen, das ich liebte, so grausam sein konnte, das heißt seiner ganzen Natur nach so grausam *war*. Vor meinen Augen tat sich ein Abgrund auf. »Katzen sind eben so!« War das eine Erklärung?

Selbst der Krieg hatte 1945 nicht verhindert, daß die Natur voll üppigen Lebens war. Im Gegenteil, es scheint keinen besseren Zustand für die Natur zu geben, als wenn die Menschen mit sich selber beschäftigt sind und jedenfalls nicht gemeinsam Front machen, um Krieg zu führen gegen die Natur. In dem sehr heißen Sommer 1947 war die Natur von geradezu aufdringlicher Lebendigkeit. Man mußte mit Fliegendraht die Fenster versperren, um die zahlreich schwirrenden Mücken und Fliegen nicht als eine wahre Plage zu erleben. In den mergeligen Bombentrichtern quakten die Frösche, so daß es mir oft als Kind schwerfiel, unter ihrem Abendkonzert einzuschlafen. Ich sah diesen kleinen grünen Gesellen sehr gern zu, wie sie sich aneinander klammerten oder mit großen Sprüngen platschend sich ins Wasser retteten. Es gab andere, die es auf sie abgesehen hatten, Jungen, die nur etwas älter waren als ich selbst. »Sollen wir dir mal was Schönes zeigen?« Sie fingen einen der Frösche, nahmen einen Strohhalm und bliesen das Tier vom After her auf, bis es platzte. Sie lachten dabei. Sie fanden es amüsant, ein kleines Tier derart zu quälen und qualvoll zu töten. Sie verfuhren mit den Fröschen nicht anders als meine Katze mit den Mäusen. Nur: Sie waren doch keine Tiere! Sie waren Menschen. Warum also taten sie das?

Diese Frage ließ mich mein Leben lang nicht mehr los. Sie ruhte eine Weile, wie schlafend, doch kehrte sie um so stürmischer zurück in der Zeit, da ich mich mit dem Einsatz von Gewalt *im Krieg*, mit dem Kampf *zwischen Menschen* auseinandersetzte. War nicht der Krieg insgesamt vielleicht nur eine Fortsetzung der urtümlichen Jagd auf die Tiere? Irgendwie schienen Fragen dieser Art unterirdisch zusammenzuhängen. Ich wußte nicht wie, doch fühlte ich, daß ich nicht gegen den Krieg sein könnte, ohne den ganz »normalen« Umgang der Menschen mit den Tieren in Frage zu stellen.

Auch hier wurde Albert Schweitzer mir Wegweiser und Wegbegleiter. »Ethik ist ins Grenzenlose erweitertes Mitleid.« Diesen Satz las ich in seinem wunderbaren Buch *Kultur und Ethik*. »Wirklich ethisch ist es«, führte er sinngemäß dort aus, »einen Regenwurm aufzuheben und ihn vom glühenden Steinigen auf das weiche Erdreich zurückzusetzen, des Abends im Sommer lieber die Fenster zu schließen und stickige Luft zu atmen, als sich Stunde um Stunde mitanzusehen, wie das Licht der Glühbirne die Insekten von draußen anlockt und ihre empfindlichen Flügel tödlich versengt; ethisch ist es, nicht länger zu dulden, daß man an fühlenden Wesen zum Zweck reiner Neugierde Vivisektionen und andere grausame Experimente vornimmt.« Ich las diese Sätze zu einem Zeitpunkt, da ich mich längst schon entsprechend verhielt. Ich aß noch Fleisch, aber mit zunehmend schlechtem Gewissen. Freilich, in der Natur fraß ein Tier das andere; doch wozu waren wir Menschen begabt mit der Kraft des Denkens? Der Zynismus in Goethes *Faust* war bitter: »Er nennt's Vernunft und braucht's allein, nur tierischer als jedes Tier zu sein.« Es müßte doch möglich sein, sich als Mensch *anders* zu verhalten, als es im Erbe der Evolution vorgesehen war. Von einer Katze Mitleid gegenüber einer Hausmaus zu erwarten, war unmöglich; dieselbe Katzenmutter aber konnte überaus zärtlich und liebevoll zu ihren Jungtieren sein, und eine solche Pflege- und Hegebereitschaft auch auf andere Lebewesen als die arteigenen auszudehnen, sollte das nicht das Vorrecht des Menschen sein? Der Mensch war imstande, Güte und Mitleid *universell* zu üben, also sollte er es auch tun!

Schweitzers Gedanken bestätigten nur noch, was ich ohnehin dachte, doch sie wiesen mich noch einmal weiter an Arthur Schopenhauer.

Bei diesem Philosophen las ich zum ersten Mal von dem moralischen *Konflikt* zwischen Mensch und Natur und von dem *Protest* gegen das gesamte jüdisch-christliche Weltbild. Mitleid mit den Tieren – das war niemals im Horizont des biblischen Weltbildes zu formulieren möglich gewesen! Allein, daß dieser erste große atheistische Philosoph des Abendlandes Ethik nicht als ein »Verstandesargument« entwickelte, sondern als *Gefühl* bestimmte, ließ mich aufhorchen. Das Denken *trennte* zwischen Mensch und Tier; Gefühle aber waren zumindest den höheren Säugetieren in analoger Weise ebenso zu eigen wie uns Menschen. Nur eine Ethik, die vom Gefühl her begründet wurde, nicht vom

Verstande her, konnte die Tiere wirklich mit einbeziehen. Was Schopenhauer vorschlug, bedeutete indessen eine vollkommene Abkehr von der Logozentrik und Anthropozentrik der christlichen Daseinsdeutung. Von vornherein konnte ich nicht hoffen, mich mit derartigen Ansichten bei den kirchlichen Theologen beliebt zu machen.

»Die Tiere hat Gott auf den Menschen hin geschaffen.« – »Dem Hasen kann überhaupt nichts Besseres passieren, als vom Menschen gegessen zu werden.« – »Die Schöpfungsordnung Gottes hat den Menschen an die Spitze der Pyramide des Lebens gestellt. Er allein ist berufen, sich die ganze Erde untertan zu machen.«

Diese Phraseologie kirchlich verordneter Selbstgewißheit scholl mir entgegen, wohin immer ich kam. Man rührte an die Weisheit des Himmels, wenn man die Tiere gegenüber der menschlichen Willkür zu verteidigen suchte. Zwar, Tiere »sinnlos« zu quälen, war auch nach christlichem Verständnis nicht erlaubt, doch fand sich diese »Sünde« einzig im Beichtspiegel der Kinder; die »Erwachsenen« verfügten über hundert Gründe, den Tieren »sinnvoll« Schmerz zuzufügen. In den Zoohandlungen der Städte hockten Dutzende von Wellensittichen und Zwergpapageien in viel zu engen Volieren, die es ihnen kaum erlaubten, die Flügel auszubreiten, ohne aneinanderzustoßen; Kaninchen hielt man in winzigen viereckigen Boxen, – sie waren nichts weiter als lebende Ware, die zu dem geringsten Aufwand an zusätzlichen Kosten »umgesetzt« werden sollte. Ich machte mir damals noch keine Vorstellung darüber, unter was für Bedingungen man das exotische »Handelsgut« in den Tropen eingefangen und über Tausende von Kilometern verfrachtet hatte – die Probleme der Ökologie waren damals, Mitte der

Fünfziger, noch nicht recht bewußt. Die »Massentierhaltung« mit Tausenden von Hühnern in »Legebatterien« und Hunderten von Kühen und Schweinen in Stallungen zur »Intensivmast« tauchte als »Fortschritt« industrialisierter Landwirtschaft soeben erst als Horrorvision amerikanischer Großfarmen auf. Was mich damals beschäftigte, war die ungeheuerliche Selbstverständlichkeit, ja, die sadistische Freude, mit der Leute als Jäger, Angler oder Metzger den Tieren zu Leibe gingen.

Besonders im Spätherbst, zu St. Martin, in den Adventstagen im Winter, hingen in den Einkaufspassagen Rebhühner und Gänse, Hasen und Rehe, die blutigen Köpfe zumeist mit einem Tuch umwunden, als »Delikatessenangebote« vor den Läden; die Leiber getöteter Fische lagen, mit Zitronenscheiben garniert, auf Stangeneisstücken zum Frischhalten, appetitlich ausgebreitet. Vom Geschmack her hätte auch ich eine solche Auslage als durchaus anregend empfinden mögen. Aber der Tod der Tiere! Welch ein Irrsinn, solche Wunderwerke an Schönheit und Eleganz in großen »Beständen« der Natur zu »entnehmen«, nur um sie als Gaumenkitzel verzehren zu können! Ein lebendes Tier zu betrachten – war das nicht weit beglückender, als es zu töten, um hernach seinen Kadaver zu essen? Ich war die Sichtblenden leid, die den gesamten Weg des »Aufkommens« der Tiere auf dem »Schlachtviehmarkt« verschleierten. Ich wollte die Wahrheit wissen.

Natürlich gab es auch in meinen Augen Situationen, in denen es unvermeidlich war, Tiere zu töten. Eines Tages mußte unsere Katze mit der rechten Vorderpfote in die Schlinge eines Wilderers geraten sein; sie hatte sich offenbar mit großer Anstrengung daraus befreien können, doch war ihr Bein gebrochen, und der Tierarzt erklärte, er könne der Katze nicht mehr helfen. Jeder Schritt tat ihr weh. Es war nur richtig, sie von ihrem Schmerz zu erlösen. – Ein anderes Mal fand ich in unserem Garten ein Kaninchen mit Myxomatose; es saß völlig bewegungslos da, die Augen verquollen, ein Häufchen Elend. Es war gräßlich, das Tier zu töten, aber ohne Zweifel das beste. Aus Mitleid mit dem Tier mußte ich das Mitleid mit mir selber überwinden. Solche Szenen mögen unausweichlich sein. Doch der Gedanke Schopenhauers erschien mir unauslotbar tief und unübertrefflich weise, alle Ethik bestehe darin, die Einheit von Ich und Du in allem zu begreifen und sich entsprechend zu verhalten. Ja, es war möglich, aus Mitleid zu töten; doch es war moralisch unmöglich, einem Tier nur zum eigenen Vorteil Schmerz, Qual und Tod zuzufügen.

Jedoch, je überzeugender mir solche Überlegungen erschienen, desto mehr geriet ich in Widerspruch zu der offiziellen kirchlichen Lehre. Wie um mich von meinem sentimentalen Wahn zu heilen, beteuerte mir der Vikar des Ortes, daß Blutwurst ihm gut schmecke, woran ich niemals gezweifelt hatte, und daß sie eine Gabe Gottes sei, für die man dankbar zu sein habe, was ich hartnäckig bestritt. Es genügte, Zweifel zu äußern, daß es ein gutes Recht gebe, Tiere zu töten, und man riskierte, lächerlich gemacht zu werden; man erregte Anstoß bei den Leuten – sie wollten sich für ihre Nahrungsgewohnheiten nicht noch ein schlechtes Gewissen machen lassen. Zudem galt es seinerzeit als schick, dem Vorbildland USA nachzueifern und nach Cowboymanier ein saftiges Steak für die Krönung einer Sonntagsmahlzeit zu halten. Es scheint in der Tat sehr schwer, buchstäblich »eingefleischte« Sitten zu ändern.

Selbst noch in dem neuen »Weltkatechismus« von 1993 bekommt die katholische Kirche es fertig, an dem jahrzehntelangen Protest von Tierfreunden und Tierschutzverbänden allerorten vorbei das »Nutzungsrecht« des Menschen an den Tieren zu bestätigen.

In dieser Lage wurde für mich der *Buddhismus* zu einer entscheidenden Entdeckung. Ganz entgegen der Gefühllosigkeit der christlich-abendländischen Kulturtradition hatte der sanfte Geist Indiens ein äußerst sensibles Geflecht mythischer Frömmigkeit und Poesie zwischen Mensch und Natur gesponnen, innerhalb dessen all die Ansprüche und »Rechte«, die das Christentum zugunsten des Menschen konstruierte, an dem Größeren, Umgreifenden der Weltwirklichkeit ihre Begrenzung und ihr Maß finden mußten. Insbesondere das Gesetz des *Nicht-Verletzens* (ahimsa) schien mir auf überaus tröstliche Weise dem Geist des biblischen »Macht euch die Erde untertan« zu widersprechen. Hier endlich fand sich eine Religion, in welcher ich nicht allein war mit meinem Leid an dem Schmerz der Kreatur! Hier endlich war Mitleid mit den geschundenen Mitgeschöpfen nicht länger mehr eine luxuriöse Gefühlsduselei oder eine weibische Rührseligkeit, hier galt es als ethische Pflicht, ja, als menschliche Selbstverständlichkeit, was in der Welt, die sich mir kirchlicherseits darbot, im Grunde undenkbar war.

Und eben dies: Schopenhauer, Albert Schweitzer und die Frömmigkeit Indiens wurden mir im Jahre 1982 zum Ausgangspunkt meiner Überlegungen in dem Buch *Der tödliche Fortschritt*. Das Christentum hatte eine schwere *Schuld* auf sich geladen, als es den Menschen in den Mittelpunkt der

Weltbetrachtung gerückt und am Menschen wiederum einzig den Verstand und den Willen als wahrhaft menschlich hingestellt hatte. Zweifach, so meinte ich, kosmologisch wie psychologisch, hatte es mutwillig die *Einheit* zwischen Mensch und Geschöpf zerrissen, und das Ergebnis war danach. Was die christliche Ethik unter »Verantwortung« verstand, besaß nur einen einzigen handlungsrelevanten Maßstab: den Vorteil des Menschen. Tiere und Pflanzen, Seen und Wälder, Berge und Meere erschienen unter dieser Denkvoraussetzung nur dann als erhaltenswert, wenn es dem Menschen zum Nutzen gereichte bzw. wenn ihre Beseitigung dem Menschen ersichtlichen Schaden zu bringen drohte. Ob hingegen Schlankloris und Kattas, Koboldmakis und Pottos wirklich zum Nutzen oder Nachteil der Menschheit belangvoll waren, würde man gewiß wohl zum derzeitigen Zeitpunkt der Untersuchung noch offen lassen müssen; fest stand nur, daß im »Bedarfsfall« menschlicher Anspruchsrechte keine Tierart, welche auch immer es sei, *an sich selbst* für schützenswert gehalten werden konnte. Allenfalls wenn sich zeigte, daß zum Beispiel die großflächige »Rodung«, mithin die Totalvernichtung der tropischen Regenwälder zu einer Verschiebung des planetaren Windgürtels und infolge davon zu erheblichen Ernteeinbußen in den Ländern der Nordhalbkugel führen würde, so könnte aus diesem Umstand so etwas wie eine Erhaltungspflicht gegenüber bestimmten Arealen der Südhalbkugel erwachsen; bis dahin aber mußte selbst in den ökologisch reichsten Gebieten der Welt offenbar jede Art von Zerstörung als »gerechtfertigt« gelten, wofern sie etwa dem Bau einer Fernstraße oder der Ausdehnung von Rinderfarmen der McDonald-Fast-Food-Kette diente.

Allein schon der Gedanke, daß gewisse »heidnische« bzw. »mythische« Religionen zumindest in der Frage des Umweltschutzes weiser denken könnten oder gedacht haben sollten als die Religion der »unüberbietbaren« Selbstmitteilung Gottes in der Bibel nach Maßgabe des kirchlichen Lehramtes, bedeutete einen Schlag ins Gesicht aller Gralshüter christlicher Theologie. Dabei war der Sachverhalt selbst mit Händen zu greifen! Wie viele Gesetze etwa hat Zarathustra zum Schutz der Haustiere erlassen? Wie viel an Rücksichtnahme auf Pflanzen und Tiere findet sich in den Indianerreligionen und -kulturen? Wie viel an Sensibilität gegenüber den Tieren spricht sich in der altägyptischen Religion aus? Erst der biblische Bruch mit der Welt des Mythos hat die Natur zur Bühne allein der menschlichen Geschichte erniedrigt und dem Menschen eine Bedeutung zugesprochen, an welcher der Planet Erde in unseren Tagen unrettbar zu zerfallen droht. Die Religion des Christentums, das Dogma der Kirche nicht als der alleinige, umfassende, vollkommene und unübertreffliche Ort einer von Gott gegebenen und vom Papst garantierten Wahrheit, die Religion des Christentums, das Dogma der Kirche vielmehr aufgrund seiner Einseitigkeit als ein verhängnisvoller Fehler und Krebsschaden für Mensch und Natur – eine solche Möglichkeit auch nur in Erwägung zu ziehen, geschweige denn als eine bewiesene Tatsache auszugeben, das mußte innerkirchlich als das schlimmste aller Verbrechen, als *Majestätsbeleidigung* (Gottes wie des Papstes, wie im Himmel so auf Erden) gelten.

Und doch ist nichts leichter, als in diesem Zusammenhang die Probe aufs Exempel zu machen.

Zwar existiert mittlerweile eine Fülle von kirchlichen Lippenbekenntnissen zum Thema »Umweltschutz«; doch gibt es bis heute nirgendwo einen erkennbaren Protest gegen die schamlose, qualvolle Ausbeutung der Tiere durch den Menschen. Tierversuche – selbst bei den scheußlichen militärischen »Experimenten« darüber, wie Nervengas oder Dum-Dum-Geschosse auf »biologische Einheiten« sich auswirken mögen, hat man niemals noch etwas von einem kirchlichen Veto gehört. Massentierhaltung – wann je hätte die Kirche es gewagt, zugunsten von Tieren den Interessen des Kapitals zu widersprechen? Genmanipulation an Tieren – der Vorsitzende der Bischofskonferenz der katholischen Kirche in Deutschland, Karl Lehmann, gehört zu den Erstunterzeichnern eines Aufrufs, um Gottes willen den aufstrebenden Industriezweig Biochemie nicht unnötig bei seiner Suche nach dem »Industriestandort Deutschland« zu blockieren. Vermuten darf man, daß da eine Hand die andere wäscht: Die Kirche unterstützt *»Hoechst«* darin, seine Marktanteile auf dem Sektor der Gentechnologie zu halten oder womöglich sogar auszudehnen, und umgekehrt »verzichtet« die gleiche Firma auf die Einführung der Abtreibungspille RU 486. Frauen und Tiere müssen da leiden um eines einzigen entscheidenden Vorteils willen: Die katholische Kirche kann ihre Moralauffassung in der Frage der Abtreibung, wo nicht durch Überzeugung, so doch durch Entzug des »Handlungsmittels« gegen die Mehrheitsmeinung der Bevölkerung noch eine Weile lang durchsetzen.

Unterdessen aber versteht so gut wie niemand mehr, wie man als Papst gleichzeitig die Abtreibung *und* die künstliche Empfängnisverhütung verbieten kann. Schon daß die Verwendung der Spirale von der katholischen Moraltheologie als »Frühabtreibung« kriminalisiert wird, grenzt in den Augen so gut wie aller betroffenen Frauen und Frauenärzte in Deutschland ans Absurde. Dann aber des weiteren hören zu sollen, die Pille entwerte die menschliche Sexualität zu einem »bloß mechanischen Akt«, ganz so, als sei nur die permanente Angst einer Frau vor dem, was in den nächsten vier Tagen oder zwei Wochen sich herausstellen könnte, ein »seelenvoller Akt der Hingabe«, das nun überschreitet die Gutwilligkeit und Geduld selbst der meisten kirchengebundenen Christgläubigen. Was aber in unserem Zusammenhang ein besonderes Licht auf die wahre Einstellung der katholischen Kirche zur Umweltproblematik wirft, ist der Druck, mit dem wir heute unaufhaltsam einer globalen Grundsatzentscheidung entgegengeschoben werden.

Zum ersten Mal in der Geschichte der Menschheit stehen wir vor der Frage, ob wir die Explosion der Geburtenrate auf dieser Erde verringern, stoppen, ja umkehren sollten, damit Millionen von Tier- und Pflanzenarten an unserer Seite zumindest eine gewisse Chance zum Überleben behalten, oder ob wir wirklich nach dem Motto »wachset und mehret euch« die enorme Fülle an Lebensvielfalt aus dem Erbe der Evolution in wenigen Jahren ein für allemal ausrotten wollen bis auf die wenigen Arten, die als »Nahrungs-« und Überlebensmittel dem Menschen behilflich sind.

Jede denkbare Umweltethik steht in dieser Frage vor der Prüfung ihrer Ernsthaftigkeit und Tauglichkeit: Nur wenn sie zeigt, daß die Lebensinteressen der Menschen ihre *Grenze* finden müssen an den Lebensinteressen anderer Lebewesen, leistet sie, was sie leisten sollte; jede andere »Ethik« kann unter den gegenwärtigen Gegebenheiten nur der weiteren Selbstausdehnung der menschlichen Spezies gegen den Rest der Welt dienen.

In dieser Schicksalsfrage der Menschheit für die gesamte Zukunft der Evolution auf diesem Planeten ist es nun entscheidend, daß und wie die katholische Kirche sich seit eh und je, und zwar unwiderruflich, entschieden hat. Gerade während ich diese Zeilen schreibe, erscheint unter dem Titel *Veritatis splendor* (Glanz der Wahrheit) eine neue Enzyklika des derzeit residierenden Papstes Johannes Paul II., in welcher nach einer Zeit des Überlegens von mehr als einem Vierteljahrhundert das alte Verbot jeder Form von künstlicher Empfängnisverhütung aus der Feder von Papst Paul VI. in der Enzyklika *Humanae Vitae* aus dem Jahre 1968 bekräftigt und an die »authentische« Lehre der katholischen Hierarchie aus Päpsten und Bischöfen gebunden wird. Für neunhundert Millionen Katholiken wird da eine »Ethik« verpflichtend gemacht, für die eine gewisse pubertäre Sexualangst und -feindlichkeit immer noch für wichtiger gilt als die weltweite Aufgabe des Erhalts unserer Mitgeschöpfe, der Pflanzen und der Tiere. Es ist kein anderer Weg denkbar: Man muß einer Kirche widersprechen, die so unverantwortlich das Wort Verantwortung buchstabiert. Mitleid, ins Universelle gedehnt, ist wichtiger als die Schmalspurigkeit kirchlichen Machterhalts und fiktiver Unfehlbarkeit. Es ist manchmal gut, die richtigen Leute zu Gegnern zu haben. Man machte sonst etwas falsch.

4
Rückkehr zum Ursprung

Manchmal höre ich sagen: »Aber die Kirche hat sich doch schon... ein wenig... womöglich... geändert!« Oder: »Vielleicht stirbt der derzeitige Papst bald!« Oder: »Wer weiß, was nach uns geschieht!«

Ich sage: »Es ist nicht unsere Aufgabe, zu wissen, was nach uns geschieht.« Und: »Man lebt nur heute.« Und: »Es ist keine christliche Hoffnung, auf das Ableben des Mannes zu zählen, der, zu Recht oder Unrecht, sich für das ›Haupt‹ der Christenheit hält.«

Ob sich die Kirche ändert, ändern kann, ändern wird oder, nach jüngsten Beobachtungen, sich wirklich schon »geändert hat«, allerdings in Richtung einer noch tieferen Vergreisung und Vereisung, kann uns, die wir Heutige sind, mit Verlaub gesagt, ziemlich egal sein. Keine der anstehenden Fragen läßt sich vertagen, bis bei einem künftigen Papst der römisch-katholischen Kirche der Groschen fällt – oder auch nicht. Bei uns allein steht es, das bißchen Wahrheit zu leben, das wir fühlen, denken, wissen und schon deshalb als einziges verantworten müssen. Ein einzelner Mensch mag noch so fehlbar sein, er verdient unendlich viel mehr Vertrauen als ein »Lehramt«, das schon dadurch alles falsch macht, daß es sich für »unfehlbar« gibt. Keine Freiheit, die sich genehmigungspflichtig von seiten einer kirchlichen Behörde hält, besitzt Realität. Kein Gruppengehorsam, so ehrwürdig tradiert er auch sein mag, fördert die Menschlichkeit. Und keine Menschlichkeit, die nicht die Tiere mit einschließt, vermag sich als Wahrheit zu setzen.

Eines ist klar: Wer dem Krieg widerspricht, widerspricht *im Prinzip* der gegenwärtigen Form von *Politik*. Wer dem Dogmatismus in Ethik und Religion widerspricht, widerspricht *im Prinzip* der gegenwärtigen Form von Kirche. Wer der Ausbeutung der Tiere widerspricht, widerspricht *im Prinzip* der gegenwärtigen Form von Wirtschaft. *Macht, Aberglaube* und *Geld* – wo diese drei zusammenkommen, *muß* man das Schlimmste befürchten. Da muß man das Schlimmste *verhindern*, indem man sich selber verwandelt, und wird zu Sand im Getriebe.

Es ist dabei gleichgültig, wo jemand damit beginnt.

Kein Machterhalt ohne Volksverdummung, kein Geldgewinn ohne Machtvermehrung. Wer als Reformpolitiker beginnt, wird als Wirtschaftsethiker enden, wer von den Fragen der Ökologie ausgeht, wird sehr bald schon vor den Problemen verwalteter Macht und veralteter Menschenbilder stehen. Wer im Raum der Religion auf Veränderung sinnt, wird sich sehr bald zwischen den Mühlsteinen von Thron und Altar befinden. Nicht der Ausgangspunkt zählt, nur die Intensität der Existenz, nur die Spannkraft des gelebten Lebens, nur die Ausdauer des Suchens, des Wartens, des Wagens, des Liebens... Was wäre Widerstand sonst, wenn nicht der Versuch, zurückzukehren durch Umkehr?

Wenn die Lachse in den Weiten des Meeres sich zurückbegeben in die Heimatgewässer ihres eigenen Ursprungs, verfügen sie über die unglaubliche Fähigkeit, schon hundert

Meilen vor der Küste selbst noch in winzigen Spuren das Wasser »ihres« Flusses zu *riechen*. Man darf ihnen nicht die Nasen verkleben, denn geruchlos sind sie wie blind. Je tiefer sie aber sich in die Witterung ihres Ursprungsgewässers hineintragen lassen, desto sicherer finden sie ihren Weg. Und jetzt: Da stehen ihnen im Wege Wasserfälle und Untiefen, Staumauern und Talsperren, reißende Stromschnellen und gefährliche Katarakte – sie werden versuchen, all das zu besiegen. Dann aber, angelangt, auf dem glücklichen Höchstpunkt des Lebens, in Tagen nur halten sie Hochzeit, verströmen die Aussaat all ihres Seins an eine künftige Welt und scheiden dahin, ganz entleert, ganz erfüllt. Umkehrend haben sie die Strömung, die sie hinaustrug, bezwungen. Sie sind angekommen, woher sie vormals selber gekommen. Und in Auskehr und Heimkehr haben sie richtig gelebt.